うちの子、
コミュ障かも？
と感じたら読む本

12歳までに育てたい
コミュニケーション脳

プロコーチ
NLP マスタープラクティショナー
田嶋英子

青春出版社

はじめに

□人に話しかけられない
□自分のことばかり、一方的に話してしまう
□話をするときに、人と目を合わせられない
□言葉より手が先に出る
□人の話を聞けない
□言いたいことが言えない
□人の視線が気になる
□人の輪に加われない
□集団が苦手

もし、わが子にこんな悩みをお持ちなら、「うちの子、コミュ障かも?」と感じてこの本を手に取られたのかもしれません。

最近、「コミュ障」「コミュニケーション障害」という言葉をよく耳にするようになりました。コミュニケーションに関わる仕事に30年以上携わってきた者としては、とても気になるワードです。

インターネットでのいわゆる俗語（スラング）で、専門家による明確な定義はないようです。**間違われやすいのですが、医療的な意味での「コミュニケーション障害」とは別物です。**

「あの人は、コミュ障だから」「私は、コミュ障だから」という使われ方をします。

何が気になるかというと、「コミュ障」というレッテルを人に貼りつけていること。しかも、この言葉には、「だから仕方ない」「治らない」「変わらない」といったニュアンスが含まれています。「コミュ障」は、「仕方ない」「治らない」「変わらない」ものではありません。

誤解している人が多いのですが、**コミュニケーションは、持って生まれた属性ではなく、後天的に身につけることができる「スキル」なのです。**

「コミュ障」「コミュニケーション障害」は、「通信障害」のようなもの、と捉えるといいかな、と思います。

電波の状況が悪くて、一時的に通信が途絶えてしまったり、つながりにくかったりすることがありますよね。

それは、その「人」が悪い、わけではなく、その場所や、その時や、その状況が適切でない。その「通信」が適切でなくて、相手に届かなかったり、違うふうに捉えてしまったりしている、と考えてみてください。「通信」イコール「コミュニケーション」です。

ある意味、子どもはみんな「コミュ障」です。だから、これから学んで、いっぱい練習して、そして、上手になっていくのです。

おうちという安心安全の場で、たくさん練習させてあげましょう。

この時代、これからの時代において、「コミュニケーションスキル」は、本当に重要になってくる、と考えています。

人間でなくてはできない、と思われていた仕事もすでにＡＩに置き換わっています。

ほんの数年前に予測されていた「未来」は、もう「現在」になりつつあります。子どもたちが大きくなって社会に出るときには、どうなっているでしょうか。

ＡＩとの差別化をするために、人間ならではの「コミュニケーション」を、ということは、よく聞いている、聞いたことがある、と思います。

でも、この本でお伝えしたいのは、ＡＩと「人間」との差別化のことではないのです。お伝えしたいのは、目の前にいる「この子」のこと、「この子のコミュニケーション」のことです。

「コミュニケーション」を、薄っぺらな知識や情報としてではなく、学校での評価としてでもなく、その子の身体と心と深く結びついた、「使える」ものとして身につけてほしいのです。それが何よりの差別化になります。

子どもたちが社会に出るときに、たとえどんな世の中になっていても、「うちの子は安心」「この子なら大丈夫」。そう思って育てていきたい、ですよね？

時代がどうであれ、環境がどうであれ、必要な力、それがコミュニケーションのスキルです。

人は一人では生きていけません。何かあったときに、助けてもらえる力、その場にいる人と仲良くなる力もまた、コミュニケーションのスキルとして身につけることができます。

あっ、大丈夫、難しくありません。この本では、おうちで手軽にできる、カンタンな方法をお伝えします。

遊びながら、暮らしながら、コミュニケーションって上手になります。

当たり前にやっていることも、たくさんあるでしょう。それがどんなふうに「スキル」として役立っていくのか、知ってほしいと思います。パパやママが日常でいつもやっていることの価値を、改めて認識してくださいね。

田嶋英子

「うちの子、コミュ障かも?」と感じたら読む本　目次

第2章

おうちで「言語脳」を伸ばそう

――楽しく「言葉」を引き出す遊びとお手伝い

第3章

「人と仲良くなる」は、性格ではなくスキル
——親の声かけひとつで、どんな子でも身につく

第4章 身体を使ってコミュニケーションを豊かに！

――「言葉」だけでは伝わらない気持ちの伝え方

第5章 「協力する」心を育てる

——周囲を巻き込む力がまわりを変える

カバー・本文マンガ……坂木浩子
本文デザイン……岡崎理恵
企画協力……糸井　浩

第1章

まずは、「話す」前に「見る」力を育てる

——「好かれる人」が当たり前にやっていること

1 「見る」というコミュニケーションスキル

★「コミュ力が高い人＝話し上手」ではありません

コミュニケーションのスキルが高い人、と聞くと、どんなイメージが浮かびますか？

学校で学んできた「国語」ができるイメージ、語《ご》彙《い》力があって、きちんと論理的に話したり書いたりできる、自分や人の話を整理したり、言葉を正確に、適切に使って説明できる。

そんなイメージが浮かぶ人もいるでしょう。

あるいは人前に堂々と立ってプレゼンをしている人のイメージでしょうか。

会議などの場で、たくさんの人を前にして、臆せず自分の意見を述べる。エネルギッシュに、あるいは、スマートに、聴き手に影響を与えながら話をする。カッコイイですね。

質問を受けても、自分の意見と違うことを言われても、怯《ひる》まずに対応できる。そんなイメージもあるかもしれません。

あるいは、話題が豊富で、会話のキャッチボールがうまくて、というイメージかもしれませんね。

会話の中心にいて、楽しく和やかに話を進めていける、自分一人が話すのではなくて、みんなにも適切に話を振っていける。そんなイメージを持っている人も多いかもしれません。

上手に話す、きちんと聞く。これができることを、コミュニケーションがうまい、スキルが高いと、思っている人が多いのです。でも、その前に、大事なことがあります。

意外に思われるかもしれませんが、コミュニケーションの最初のステップは、「話す」ではないのです。

実は、**コミュニケーションの最初のステップは、「見る」ことです。相手を見て、「観察する」こと。これがすべての基本になります。**

コミュニケーションというのは、双方向です。一方的に「伝えて終わり」はコミュニケーションとは言いません。常に相手があるのがコミュニケーションなんですね。だから、「自分が」どう話すかの前に、「誰に」話すのか、「どういう状態の人に」話すのか、が大事になるわけです。

つまり、コミュニケーションのスタートは「自分」ではなく、「相手」がどうであるかを知ることから、ということです。

相手が子どもなのか、大人なのか。よく知っている人なのか、初めて話す人なのか。専門的な知識を持っているのか、そうでないのか。

私たちは相手によって、自然と話し方を変えています。誰にでも同じように話したら、通じないことがあると知っているからです。

また、同じ人に話すときでも、いつも同じように話すとは限りません。
相手が今、こちらの話を聞ける状態なのか、判断しています。

たとえば、学校から帰ってきたばかりで、お腹が空《す》いている、疲れているみたい。
そんなときはすぐに本題に入らず、おやつでも食べて、ちょっと回復するのを待ったりしてますよね。

今、気持ちがイラついている、他に気にかかることがある。そんな様子を見たら、話し方を少し変えたりしていませんか？

それって、どうやって判断していますか？
そう、「見て」判断しています。

えっ、そんなの当たり前じゃないの？

それが「当たり前」にできないのが、「子ども」です。

そして、体が成長して大きくなっても、「当たり前」にできるようにならない。そんな人が増えています。

これが「コミュ障」と呼ばれているものの正体です。

★スマホを見ながら、子どもに返事していませんか

当たり前に、自然にできていたときと、今では、何が違うのでしょう。

それは、ひとつには「スマホ」が原因ではないか、と私は考えています。

今の時代ほど、個人がモバイルのスマホ端末を持ち歩き、いつでも画面を見ることができる時代はありません。テレビや家にあるＰＣ画面を見るのとは、まったく違う状況になっています。

屋外でも、電車の中でも、歩きながらでも、カフェに入ってお茶するときでも、どこでも、どんなときも、視線の先にはスマホがあるのが当たり前です。

日常の、ちょっとした動作の中に、もう「スマホのチェック」が含まれていませんか。座ったらスマホ、荷物おろしたらスマホ、会話が途切れたらスマホ。

いいとか悪いとかいう話ではなく、それが現実だ、ということです。

「スマホ以前」だったら当然見ていたはずの時間、見る機会が減ってきているのです。何を見なくなったのか？

そのとき一緒にいる人を見なくなりました。そのとき一緒に見るべきものも見なくなりました。それぞれが違うものを見ているのです。スマホを見ている時間は、一緒にいても、それぞれ別の体験をしているということです。

子どもたちからしてみれば、スマホにママやパパの視線が奪われているわけです。

そんな大げさな、と思いますか？

この「見る」ということを、最先端の心理学といわれるＮＬＰ心理学では「キャリブレーション（観察）」と言っています。

「観察」ですから、視界の中に入っている、というような受け身の「見る」ではありません。「しっかりと注意して見る」「相手に着目する」「変化に気づく」といったようなニュアンスです。

「見る」は、立派なコミュニケーションのスキルなのです。どんな役に立つかというと、「相手との関係性をつくる」ということに効果的に働くスキルです。

カウンセリングやコーチングのなかでは、「ラ・ポール」という言葉で表現されますが、相手（クライアント）との間に、「橋をかける」という意味です。「関係性をつくる」ためには、相手の観察、相手を見る、という動作が必要です。

子どもたちは、大きくなる過程で、この「見てもらう」という体験をたくさんします。そうして「関係性をつく」ってもらう体験をし、学習するのです。そうです。当たり前に、自然に。

スマホの登場によって、この学習の機会が減りました。これが事実。

そして、そのことによって、「相手を見る」ことをしない子ども（そして大人）が増えているのではないか、と推察しています。

たとえ視界に入っていても、相手を「見ない」わけですから、相手の状態も分からず、相手に合わせることもなく、「関係性をつくる」「相手との間に橋をかける」こともなく、いきなりコミュニケーションを取ろうとして、うまくいかない。それは、そうでしょう。

こんなお話を聞いて、「スマホはダメなんだ」とか、「スマホを見てる私はダメ」とか、「親失格」とか。すぐにそういう思考パターンに陥らないでくださいね。

スマホがよくない、と言われたって、もはや「スマホ以前」には戻れません。私だって、スマホ使ってます。スマホなしの生活には戻れません。

それは、なるべく家族といるとき、人と一緒のときは、スマホを見ないようにする、ぐらいは努力できますが、まったく見ない、とかはできません。ですよね？

「じゃあ、どうする？」

という考え方をしていきましょう。

これこれだからダメ、という発想法は生産的ではありません。

ダメなものを完全に除去することって、なかなかできません。人間の暮らしにとって何らかの必要性があるから、それは存在しているのです。

じゃあ、どうする？

考えましょう。

今まで「当たり前」「自然に」やっていたことを、「意識して」「特別に」やっていくのがいいかな、と思います。

私自身も、「見る」（観察する）ことを、子育て世代の方にスキルとしてお伝えしてきませんでした。これまで「当たり前」「自然に」できるだろうと、スルーしていたわけです。

スマホ時代、ＡＩ時代、あらためて、「見る」（観察する）をスキルとして、「意識して」「特別に」お伝えすることにしますね。

★子どもに「見ているよ」が伝わる姿勢をつくろう

コーチング講座のなかで、受講生のみなさんに「見る」（観察する）スキルをお伝えするときには、こんなふうにお伝えしています。

まず、体の向きです。相手に分かるように、相手のほうへ体を向けます。場合によっては、椅子ごと向きを変えたり、座る位置を変えてもかまいません。

顔の向きははっきりと相手に向けます。目線だけ動かすのはNGです。

相手の目のあたり（眉と眉の間）にまなざしを向けます。ふんわりと、相手の身体全体が視野に入るように、焦点を調節します。じっと凝視したりジロジロ見るのではなく、少しぼんやり見てください。

身体全体や、顔をしっかり動かして、相手を見るのは、相手に「見ていますよ」というメッセージを送るためです。

同時に相手の話を聴く準備ができたことを知らせるサインになります。

「見る」（観察する）のは、「相手の変化」です。

表情や顔色、呼吸の速さや、身振り手振り、足や手を組んだりといった姿勢の変化に気づきましょう。口調や声の大きさ、話すスピード、声のトーンも観察してください。

「変化」はひとつのデータです。いろいろな変化に気づけるように観察力を磨いていきましょう。

これは、プロの聴き手が、クライアントに対する姿勢のつくり方です。短い時間で相手と関係性を築き、深い会話ができるようになるための手順です。

子育て中のみなさんに、ぜひ取り入れてほしい部分は、身体や顔を子どもに向ける、そして、目（のあたり）を見る、というところです。

とくに意識してほしいのは「相手に分かるように」という部分です。「見る」「見られる」がお互いに意識できるようにする、というのがポイントになります。

パパやママからの視線を受ける時間が物理的に短いのであれば、なおさら。せっかくの「見る」「見られる」時間は、意識的に濃い時間にすることで補っていきましょう。

プロの技を使えば、できます。

★お風呂の時間は「子どもを見て、小さな変化に気づく」チャンス

一日のうちで、いつやるか決めましょう。

お風呂に入っているときは、スマホもないですから、絶好のチャンスです。

ぜひ習慣にして、毎日やってみてください。意識して、やってみてくださいね。お子さんの成長や、かわいさや、カッコよさや、いろいろな変化に気づいてあげてくだ

さい。

それを言語化して、伝えてあげてもいいですよ。

きっと自分の心のなかもあったかくなって、思わず「大好きだよ」とか言いたくなってくるかもしれません。

自分自身の変化も「観察」してみてくださいね。

以前、お仕事で忙しくて子どもとの時間が取れず、罪悪感ばかり感じてしまうというママのご相談を受けたことがあります。

「お風呂作戦」をやってみては？　とご提案してみました。

湯船に浸《つ》かって、ほんの少しの時間ですが、心も身体もほかほかして、子どもの目を見てたら、いろんな思いが溶けて流れて、リセットできるいい時間になりました、と報告してくださいました。

時間がないなら、ないなりに、工夫したらいいですよね。スマホに奪われる時間だって、意識して取り戻しましょう。

子どもさんがもうすでに大きくなっていて、一緒にお風呂に入らなくなっている方は、どうしましょうか。

朝出かけるとき、学校から帰ってきたとき、あるいはママやパパがお仕事から帰ってきたときでもかまいません。

バタバタして忙しい、その手をちょっと止めて、ほんの数秒です。ちゃんと身体を向けて、目を見て、「いってらっしゃい」、「ただいま」って言ってみてはどうでしょう。

もう思春期に入っている、そんな子どもさんにも、「悪くない」習慣です（「悪くない」というのは、思春期の子にとっては最上級の表現です）。

毎日続けていると、変化に気がついてきます。今日は元気ないな、とか、ちょっと目がきらっとしてるぞ、いいことあったのかな、とか、髪が伸びてきてる、などと「観察」できてきます。

自分の「見る力」が上がってきていることにも気づいてくださいね。

「見る」はコミュニケーションの第一歩

2 「見る」と「人に好かれる」の相関関係

★「見る」「見られる」は心の発達に不可欠

さて、**「見る」スキルが身につくと、もっといいことが起こります。それは、「人に好かれる」という効果です。**

「見る」「見られる」というのは、子どもたちにとって大切な働きかけです。この働きかけのことを、心理学では「ストローク」といいます。

少し説明しますね。

ストロークは「心の栄養」ともいわれ、精神学者のエリック・バーン博士が提唱した考え方です。肉体的なものと精神的なもの、プラスのものとマイナスに働くものとがあります。

子どもたちが大きくなる過程で大切な愛着形成には、このプラスのストロークが不可欠です。

肉体的なプラスのストロークとしては、なでる、だっこする、ハグするなど。精神的なものとしては、あいさつする、声かけする、うなずく、笑いかける、などがあります。信頼してお手伝いを任せたり、その子の席を用意する、などもストロークです。

プラスのストロークをたくさんもらえた子どもたちは、親に対する愛着形成がしっかりとできるだけでなく、そのほかの人間たちに対しても安心感を持ち、人間関係をつくることが自然にできてきます。

マイナスのストロークもあります。叩《たた》く、蹴る、こづく、荒々しく扱う。精神的なものとしては、怒鳴る、悪口を言う、皮肉を言う、嘲笑する、にらむ、ため息をつく、などがあります。

最近よく話題に挙がってくる、「ネグレクト」というのは、このストロークを与えない、ということです。プラスもですが、マイナスも与えない。

子どもたちの世話をせず、無視すると、体や心が飢えて、充分な発達ができません。

これは大人であっても同じことですが、子どもたちは世話をしてくれる大人がいなければ、自分自身でストロークを与えることができません。

ネグレクトの話を見聞きすると、心が痛みます。

子どもたちには、ストロークが必要です。大人たち（とくに親）からのストロークで、子どもたちは成長していくのです。適切なストロークを与えることで、子どもたちの身体や心が健全に満たされていくのです。

★赤ちゃんを見ると、笑いかけてくれる理由

さて、話を戻しましょう。

「見る」というのが、ストローク、子どもたちの健全な発達に必要な働きかけになる、とお伝えしました。

赤ちゃんを見ると可愛くて思わずにこっとしてしまいますよね。そうすると、赤ちゃんがにこっとすること、ありませんか？　赤ちゃんのことがいっそう可愛くなってし

まいますよね。

赤ちゃんは、あなたのことを好きだから、にこっとしたのでしょうか。きっとそうですよね。そうであってほしい。

残念ですが、実はそうではありません。

赤ちゃんには（人間には）、ミラーニューロンという神経細胞があります。これは「見たものを真似《まね》る」という働きがある細胞です。

このミラーニューロンのおかげで、人間は見たものを真似て（言葉で教えてもらわなくとも）、できるようになっていくのです。

あなたが「笑顔」になったから、赤ちゃんが「笑顔」を真似たのです。

そもそも、**あなたが赤ちゃんを「見た」から、赤ちゃんが「見る」のを真似たのです。**

赤ちゃんの視力は、最初は低いって聞いたことありますか。

新生児は０・０５ぐらい、って言われてます。だから30センチくらいがよく見える範囲です。あらっ、ちょうど授乳のときにママの顔が見えるところですね。

まだぼんやり見えている、ぐらいの状態から、だんだん発達してきて、目の前のものが「見える」ようになってきます。2か月ぐらいになると、焦点もだんだん合ってきます。

そして、その「見えた」ものを、ミラーニューロンは毎日真似しようと学習しているわけです。

赤ちゃんを「見る」、その姿を赤ちゃんが「見る」。

赤ちゃんに笑いかける。赤ちゃんが笑いを真似る。

赤ちゃんは単純に真似ただけですが、赤ちゃんは、自分が笑うと、周りが喜ぶ、もっと笑顔になる、というのを見ます。

自分の「笑顔」が「笑顔」をつくる。

真似て、学んだのです。そして、その赤ちゃんの笑顔を見て、私たちは、幸せになったり、安心したり、嬉《うれ》しくなったり、します。

そこから、幸せや安心や愛が、循環しはじめます。

「見る」って、すごい力なんです。

人は自分を「見てくれる」人を好きになります。

何度も「見る」人を好きになります。

自分を「好き」な人を好きになります。ミラーニューロンの働きです。

この働きは、初めて会う人と人間関係をつくるときにも有効です。

視線をまっすぐにして相手をしっかりと「見る」ことができる人は、何だか自信がありそう、信頼ができそうな印象を与えます。

逆に、うつむいたり、目をそらしたり、きょろきょろして視点が定まらない人は、自信がないのかな、話をしてて落ち着かないな、と思われます。

第一印象で損をしている人が、けっこういます。

「好かれる」というのは、相手に警戒心や不信感を持たれたりせず、この人といるのが心地よい、と感じてもらうことです。見た目ではなく、能力でもなく、スキルです。

★おうちで遊びながらできる「見るトレーニング」

「見る」力、スキルとして、おうちでトレーニングしていきましょう。

「見る」力が弱いというのは、視力が悪い、ということでしょうか？

小中学生を対象にした調査では、視力の低下傾向は続いているようです。新型コロナでおうち生活が続き、校庭や公園で遊ぶことも禁止された時期もありました。必然的に、遠いところを見る機会が減ってしまい、テレビやインターネットの画面を見ることが増えてしまうことになりました。「外遊び」しない子どもも増えています。

近くばかりに焦点を合わせていると、それに目が慣れてしまいます。目の焦点を合わせる筋肉が固まって、遠くに焦点が合わなくなると、近視になります。

眼球を動かす筋肉が固まったり、動きが悪かったりすると、視力として単純に測れるものだけでなく、視野が狭くなったり、動いているものを追えなくなったりもします。

おうちの中でできる、カンタン、楽しい遊びで補いましょう！

風船、ポンポン遊び

風船（1個）と500㎖空のペットボトル（人数分）を用意します。お部屋は、足元を片づけて危なくないようにしてください。家具などもよけて、ぶつからないように。

風船をペットボトルでポンポンします。
高く上げて、落ちてくる風船を、ペットボトルでポン！
風船が床に落ちないように、がんばって！
ママやパパと交互にやってもいいし、
何回続けられるか数えても楽しいです。

風船のふわふわ、ゆらゆら、不規則な動きに、目も身体の筋肉も合わせて動きます。
子どもの年齢に合わせて、高さはいろいろ調整してくださいね。
大人はハンディをつけてもいいですよ。

ペットボトルに水を入れると、ママやパパの筋トレにもなります。
上手になってきたら、風船を二個にするのもいいかも。難易度を上げたりして工夫してくださいね。

おうち遊びのポイントは、大人も楽しむ、ということです。

外遊びがいい、って聞いたからといっても、下の子がまだ赤ちゃんだ、とか、ワンオペでそれどころじゃない、とか、ご家庭によって事情はそれぞれ違います。それなら、それで、できることを工夫しましょう。

「できないから、やらない」という思考パターンになると、できる人、やっている人がうらやましくなったり、妬《ねた》んだり、ひがんだりすることになってしまいます。ネットでキラキラしている人やうまくいっている人を見て、気持ちが下がったら、この思考パターンになっています。

これは、あなたが悪いのでなく、思考パターンのせいです。

あら、タイヘン。

思考パターンを変えましょう。

外遊び、ウチは今、できない。

だったら、どうする？

「できないから、やらない」から、「できない。だったら、どうする？」に思考パターンを変えるだけです。

いつもと違う体の動かし方をすると、いつもと違う感覚を感じます。体を動かすことで、気分が変わる、気持ちが変わるって、聞いたことあるでしょう。風船をポンポンしながら、深刻なことを考えたり、つらい気持ちを持続するほうが難しいです。目の焦点も、心の焦点も、ふわふわ浮かんでいる風船に合わせてみましょう。おうちの天井を見ることってあまりないですよね。顔を上に向けて、目線を上げると、それだけで「気持ち」も上がるという実験結果もあります。

ぜひ、体感してくださいね。

★「見る」力で心に栄養を届けよう

「見る」というのは、ストローク、心の栄養だ、とお伝えしました。

「かくれんぼ」という遊びは、「かくれる」「探す」という遊びだと思っていましたが、ストロークとしての意味から考えると、「（かくれている自分を）見つけてもらう」「（かくれている人を）見つける」遊びなんですね。

そういえば、ウチの娘は上手にかくれすぎて見つけてもらえず、泣いてしまったこともありました。

大人は見つかりたくない、と思うのに、子どもは見つかったら大喜びしますね。見つける、見つけてもらう。昔ながらの遊びも、奥が深いですね。

おうちでカンタン、間違いさがし

ファミリーレストランに行くと、子ども向けのメニューに「間違いさがし」があることがあります。美味《おい》しいお料理が届くまでの待ち時間にやると楽しいですよね。
子どもたちは間違いさがしが大好きです。
おうちでも、間違いさがし、やってみましょう。

回答者（間違いを見つける役）と、出題者（問題を出す役）に分かれます。
出題者は、最初のポーズをします。
(例) 右手を上げて立つ
回答者は、最初のポーズをよく見て覚えます。
覚えたら、後ろを向いて、数を数えます（もういいかい、もういいよ、でもＯＫ）
出題者は、その間にポーズを一か所変えます。
(例)1　左手を上げて立つ
(例)2　右手を上げたまま座る
回答者は前を向いて、間違いをさがします。

ここでは分かりやすい例にしましたが、ぜひ面白いポーズのアイデアを出してくださいね。小物を使ったり、出題者が複数のときは、協力してポーズを組んだりしても楽しいです。

子どもの年齢に応じて、難易度は調整しましょう。

見つける、違いに気がつく、というのもスキルです。これは視力がいい、悪い、とは別のものになります。

相手に着目して、違いに気がつくこと、これは相手とのコミュニケーションの第一歩になります。

美容院に行ったのに夫が気づかないと、やたらに腹が立つ、という話をよく聞きます。「見てくれていない」「違いに気がつかない」というのを、「自分に関心がない」というメッセージとして捉えてしまうから、腹が立つのです。

言い換えれば、**「違いに気がつく」というのは、相手に「関心を持っています」というメッセージとなり得る**、ということですね。

相手と良好な関係をつくろうとするときに、大切なスキルです。

「見る力」を伸ばす遊び

風船をペットボトルでポンポンし、目を動かす

「間違いさがし」で違いに気づく

★自分を大切にするカンタンな方法

最近はカメラを持っていない人が多いそうです。スマホで撮れてしまうからですね。プリントアウトもせずに、データとして見るご家庭も多いかもしれません。

でも、「見る」「見られる」がストローク、心の栄養になるわけですから、ぜひ家族の写真は、大きめにプリントアウトして、おうちに飾りましょう。

七五三のようなイベントのときの写真でなくても、いいです。かわいく写った、カッコよく写った、その写真を、おうちの中で目につくところ、リビングや寝室に大切に飾っておきましょう。

毎日見る、見てもらう。自分の写真が大切に飾ってある。家族の写真が大切に飾ってある。そのことで、「あなたは大切だよ」と伝えることができます。それを毎日見るだけで、自分は大切な存在だと感じることができます。

どんなに心で思っていても、形にして伝えなければ伝わりません。言葉として形にする、態度で形にする、そして、行動で形にする。それが「愛する」ということです。

欧米では、家族、一族の写真を応接間やリビングに飾る文化があります。家族の歴史を誇りに思い、命のつながりを重んじていることが分かりますね。

「大切なものを大切に扱う」ことで、何が大切なのか、何に価値を置いているのかが明確になります。自分が大切に扱われていることを知っている、というのは、人生において重要なことです。

「自分は大切な存在だ」と認識している人は、危ないことや危ない場所へは近づきません。自分を守る行動を選択できます。

家族の写真を飾りましょう。

あなたの大切な子ども、大切な家族を守る、カンタンな方法です。

3 視線が怖いのはなぜ？

★「人に見られるのが怖い」と感じるメカニズム

他人から見られているのが怖いと感じるんです、という方の話を聞いたことがあります。

まだ若い、大学を卒業したばかりの人です。大学に入学したころがちょうど新型コロナパンデミックの真っ最中で、ほとんどオンラインでの授業だったそうです。地方から東京の大学に進学し、下宿も借りたけれども、オンライン授業だからということで、実家に戻って約一年過ごしたそうです。次の年からはリアル授業も少しずつ始まって、クラスメイトとも顔を合わせて接することになり、進級、そして就活もし、無事に卒業も就職もできました。

でも、何だか高校生までと違うんです。人と会うのがちょっと怖いと感じます。とくに誰かに何かされたとか、何か言われたというわけでもないですが。

人に見られるのが怖い、と感じるのは、実は動物として当然のことです。私たちは生存のために、危険を察知する能力を持っています。長い間、動物としての人間は、危険と隣り合わせで生き抜いてきました。この能力が、新しい場所、知らない人のいるところでは発動します。

本能的な反応です。自分がそちらを見ていなくても、「見られている」と察知するのです。危ない相手であれば逃げなくてはいけません。

ところが、現代の日本では、そんなにピリピリ警戒する必要のある場所は少なくなってきています。

安心安全な学びの場であるはずの大学であるとか、職場であるとか、そういう場所でも過剰に反応するとなると、視線恐怖症、対人恐怖症の可能性もあるかもしれません。その場合は医療機関を受診することをお勧めしますが、この方の場合は社会生活で問題があるほどではないので、ちょっとしたコツをお伝えしました。

ちょっとしたコツ。それは「見る」というスキルを使うことです。「見られている」と感じたら、顔を背けたりしないで、しっかり顔を向けて、そちらを見る。怖いけど、怖いからこそ、何があるか、目で見て確認するのです。危険なことは何もない、と確認することが大切です。

話している相手から見られることが、ちょっとでも怖いなと感じたら、相手を「見る」ことを意識します。「観察」です。どんな髪型なのか、服装なのか、どんな表情なのか、「見る」のです。

「見る」に集中すると、「見られている」意識が薄れます。

「見る」ことで「ちょっと怖いな」と感じた度合いが、どう変化するか、自分自身も観察してください。そんなふうにアドバイスしました。

この事例を書いたのは、ほかにもこんな子どもたちがいるかもしれない、と感じているからです。

子どもたちの多くが、新しい環境になり、新しい人間関係をつくるときに、リアルでなく、オンラインだったという経験をしています。

それによって、「見る」「見られる」の機会が極端に少なくなった。またリアルで会えるようになっても、それに適応できない、適応しているように見えても実はストレスを感じているだろう子どもたちがいると、思います。

実際に不登校や行きしぶりは増えていて、そのことによってさらに「見る」「見られる」機会が減っているのです。

大学進学や就職で子どもたちが手元から離れてしまう前に、おうちでできる対策をお伝えします。

★おうちで暮らしながらできる「目を合わせる」練習

まず、視線に対する恐怖は、自分だけじゃなくて、誰もが感じる本能に根差した感情なんだ、と認識することが大切です。つまり、程度の差はあれ、特別に変なことではない、ということです。

思春期ころになると、それまであまり気にしていなかった「視線」が急に気になってくることがあります。

自分がどう見られているのか、というのを意識する時期です。

好きな人ができたり、異性が気になったりします。好きな人を自分が見ていることを気づかれるのも恥ずかしい。でも、気づいてほしい気持ちもちょっとある。そんな時期ですね。

怖いとき、私たちは動物の本能として目をそらします。体勢は逃げようとするか、あるいは身がすくんで固まります。

その体勢が、「怖い」という感情を大きくするように働きます。

「怖い」と思う対象を見ないことが、さらに「怖い」という気持ちを大きくしてしまいます。

そして日本ではとくに、相手と対《たい》峙《じ》するときに目を合わせずにお辞儀をする、という文化があります。相手を直視すると失礼だ、と感じる文化的な要因も働いているようです。

欧米ではきちんと目を見て、握手する、というのがあいさつの文化です。アイコンタクトを取る、という表現もあります。目で合図する、という意味です。目を意識的にコミュニケーションに使っているんですね。

文化の違いにいい悪いはありませんが、日本では、「目を合わせる」というのが苦手と感じる人が多いようです。

あなたは人の目を見て話していますか？　あまり人と目を合わせるのが得意ではないという方は、ぜひ子育てしているこの機会を使って「目を合わせる」「目を見る」ことに慣れてください。

おうちでは、あいさつのときや話をするときに、「目を合わせる」ようにしてみてください。

いつもいつも目を見て話さなくてもいいですが、「相手の目が見れる」「相手と目を合わせられる」というのは、大切なスキルです。

私が以前勤めていた自己啓発系のセミナー会社では、コミュニケーション研修の一環として、「相手と目を合わせる」というトレーニングをしていました。参加者は、もちろん成人、大人ばかりです。

2日、あるいは3日かけて、コミュニケーションの各種トレーニングをするのですが、最初のトレーニングが「目を合わせる」です。

無言で、目の前の相手と目を合わせます。最初は、気恥ずかしくて、居心地悪くて、無意識に笑ってしまったり、目線を外そうとしてしまったり、話をしてはいけないのに、しゃべろうとしてしまったり。

ただ単に目を合わせることが、大人になってしまうとこんなに難しいことなのか、と実感します。

あなたが子どもと「目を合わせる」ことで、子どもは「目を合わせる」体験ができます。

積み重ねるだけで、スキルが習得できるなんて、素晴らしいですよね。

おやつの時間に、アイコンタクトの練習

おやつの時間、子どもたちと一緒にテーブルについて、アイコンタクト、目と目を合わせる練習しましょう。


テーブルをはさんで座ります。

テーブルの上には、美味しいおやつ、飲み物。

パパやママも、好きな飲み物を用意してくださいね。

「手を合わせましょう」

「目を合わせましょう」

「いただきます！」


ちゃんと目を見て、あいさつできましたか？

そうそう、いただきます！　のときには、目を見る。目を合わせましょう。

一瞬です。

家族で一緒に手と目を合わせる一瞬の幸福感と、美味しいおやつで、心もお腹も満たしてくださいね。

もちろん、食事のときにやってもらってもいいのですが、食事のときって、親は座らずに子どもだけ食べさせているご家庭も多いんじゃないかと思います。ウチも子どもが小さいときは、自分が味わって食べた記憶がありません。

親も子も、落ち着いて食べられる状況とタイミングであれば、食事のときにも、

「手と目を合わせて、いただきます」

やってくださいね。

「見られて恥ずかしい」「見られるのがイヤ」「視線が怖い」は、「見る」というスキルで乗り越えられます。

「受け身」だから、ネガティブな感情を切り替えられないのです。

「見る」という能動的なスキルで、感情の切り替えができる子を育てましょう。

「楽しく目を合わせる」練習

4 観察して、相手に合わせるスキル

★相手に「圧」を感じさせないためには？

さて、せっかく「目を見る」「見つめる」「見つける」「注目する」というスキルが上がってきたので、もう一段階ステップアップしましょう。

「見る」というスキルで、相手に関心がありますよ、あなたの話を集中して聞いていますよ、というメッセージを伝えることができます。

ただ、多用すると相手にプレッシャーをかけてしまって、**「圧が強い」と感じさせてしまったり、話題によっては、かえって話しにくい雰囲気になったりする**かもしれません。

より効果的にスキルを使うために、視線を外したり、わざと焦点をぼかして全体をふんわり見ることもお勧めです。

猫はコミュニケーションを取るときに、目を細めたり、まばたきしたりするそうです。これは、「敵意はないですよ」ということを伝えるコミュニケーションです。

猫がまばたきをする、というのは緊張していない、リラックスしているというサインだそうです。人間だと、微笑《ほほえ》むとか、うなずくという表現がそれにあたるでしょうか。

せっかくの「見る」スキル、相手を緊張させたり圧を感じさせてはもったいない。

相手の状況を見ながら、調整してより効果的に使っていきましょう。

★「ペースを合わせること」で緊張をほぐす

相手に合わせることを、ペーシングと言います。相手を観察して、ペースを合わせるのです。

相手が緊張しているようだったら、いきなりぐいぐい話をするのではなく、まずは緊張をほぐしますよね。

ペースを合わせるって、どうするのでしょう。

まずは、身体の使い方を観察しましょう。

緊張していたり、警戒しているときは、身体が閉じていることが多いです。腕を組んだり足を組んだり、です。気持ちがオープンになっているときは、身体も開いた姿勢になります。

相手との距離も、目安になります。もし少し近づいてみて相手が離れたら「近すぎ」というサインです。

呼吸の速さや、話すスピード、声の大きさやトーンの高さも、観察してみてください。どれか一つでもいいので、意識してペーシングしてみてください。相手も自分も話がしやすくなってくるのを感じてください。

ペーシング、実際の生活では、どんなふうに使えるでしょうか。

★子どものペースに合わせて話を聞く

小さい子どもが泣きやまないとき、騒いでいるとき、言うことをきかないとき、「泣かないの！」とか「大声出すな！」と怒ったりすると、ますます泣いたり騒いだりされた経験はありませんか？

自分の感情を言語化するのができない子どものうちは、泣いたり大きな声を出したりすることが、感情の表現です。その感情表現を止められたり、否定されたりすると、自己肯定感が下がります。

怒られても泣きやまないのは、表現したいことがあるからですね。もしも怒られて泣きやんだとしたら、その子は表現することをあきらめた、ということです。

泣いている子どもに、「悲しいね」「痛かったね」「イヤなんだね」と言語化してあげることで、子どもの表現とペーシングできます。

言葉が出なくても、言いたいことはあるのです。怒っているのか、悲しいのか、気持ちを伝えようとしてくれている子どもに一度ペースを合わせてみましょう。

「えーん、えーんだよね」「泣いていいよ」「うんうん、そうだね」

泣きやませようとせず、そのままで受け取ります。

ページングの不思議な効果として、一度ペースが合うと、今度はこちらのペースに相手が合わせてくれる、というのがあります。

無理やりこちらの都合に相手を合わせさせるのでなく、いったん相手のペースにこちらが合わせてみる。コミュニケーションが取りにくいな、この人とは合わないな、と感じるときにこそ、やってみる価値があります。

子どもが成長してくると、親に話せない、話したくないことも増えてきます。

この前の試験の結果が悪かった、とか、お友だちとうまくいってない、とか、先生に怒られた、とか、パパやママに、スッと話せないことが増えてきます。

パパやママの期待を裏切ったり約束を守れなかったこと、そんな話しにくい内容を伝えようとしてくれる。気まずい気持ちになります。信頼してくれているからこそ、話しにくいのです。信頼してもらってると知っているから、話そうとしてくれているのです。

そんな子どもにペースを合わせて、話を聴いてみてください。

子どもが話しにくいことを話そうとしてくれるときには、真正面に座るのではなく、隣に座って話すぐらいがちょうどいいです。

気まずい気持ちにペースを合わせます。お互いに視界には入っていて、ときどき目が合うね、という感じです。

ぽつりぽつり話す子どもに対して、はきはき返事をしたり論理的な質問をしたりするのは、ちょっと控えて、ペースを合わせてみましょう。

できれば、お茶か何かを飲んだりして、緊張を和らげる工夫をしてあげてください。お茶を飲むのは、目線をそらせるのにも役立ちますし、話すスピードが速い人がスピードをコントロールするのにも効果的です。

私はコーチングのときは、お茶を飲みながらすることが多くなります。「飲む」という同じ行動をとることで、自然にペーシングできるからです。

視線を外す、わざと焦点をぼやかしふんわり全体を見る、ポイントではしっかりと目を見て話す、アイコンタクトをとる、見つめる、見つける。どれも、「愛」のこもった行動です。どれもストロークになっています。

コミュニケーションのスキルが上がると、相手にとっては「愛」が伝わり、自分にとっては、好意が返ってくる。素晴らしい仕組みです。

愛を形に表すために、コミュニケーションスキル、磨いていきましょう。

第2章

おうちで「言語脳」を伸ばそう

——楽しく「言葉」を引き出す遊びとお手伝い

1 語彙力の伸ばし方

子どもが言葉を話すようになる前に必要なこと

人とコミュニケーションを取るために、「語彙力」が必要だ、と聞いたことがあるかもしれません。

「語彙」って、「言葉」のことです。「語彙力」には、どんな言葉を知っているのかだけではなくて、それをどう使うのか、使えているかということも含まれています。

つまり、語彙力が高いということは、たくさんの言葉を知っていて、それを適切に使えている、ということになりますね。

子どもたちは、2歳から3歳ぐらいで、数百～１０００語の言葉を習得する、と言われています。生まれて3年で、１０００もの言葉を「知っていて、使えている」わけです。すごいことですね。

どうやって習得したのでしょうか？

まだ字が読めませんから、パパやママ、周りの大人たちが話している言葉を聞いて、学んだんですね。

絵本を読んでもらったり、話しかけてもらったり、繰り返して聞き、繰り返して話すことで、子どもたちの語彙力は上がっていきます。言葉を話すようになる前でも、言葉の理解は進んでいます。

まだ話せないから分からないだろう、と思いがちですが、赤ちゃんだって話せないだけで理解はできています。だから、絵本の読み聞かせや語りかけは、赤ちゃんのころからするといい、と言われていますね。

子どもが話すようになる前には、たくさんの言葉のストックを必要とします。そして、時期がくると、「語彙爆発」と言われるように爆発的に話しはじめます。

たくさんの言葉のストックは、それを使えるようになるタイミングを待っています。

話しはじめるのが早い子も遅い子もいます。その子のタイミングを楽しみに待ちましょう。

子どもの語彙力を左右する「親の習慣」

「語彙力」には、「適切に使えている」という意が含まれていますから、単にたくさんの言葉を聞いて知っているだけでなく、話してみて、適切かどうかのフィードバックをもらって、本当に「使える」ようになっていきます。

フィードバックというのは、「反応」「働きかけ」ということです。

最初の段階は、子どもが見ている犬を、大人が「ワンワン」と教え、子どもが「ワンワン」と真似ます。

生まれて初めて「ワンワン」と言えた！

「スゴイ、スゴイ！」

「そうだね、ワンワンだね」

大人がにこにこしたり、拍手したり、喜んだりする姿を見て、子どもは「ワンワン」は、適切な表現だと認識します。そして繰り返し「ワンワン」と言います。

次の段階です。

子どもが猫を見て「ワンワン」と言ったら、大人は「ニャンニャンだよ」と伝えます。

あれ？　これはワンワンじゃないんだ。

子どもは、犬と猫の違いを認識し、見極めて適切に使い分けられるようになっていきます。

この大人の反応や働きかけがフィードバックです。

なあんだ、そんな簡単なことでいいの？　いつもやってる！

そうなんです、いつもやってる、そんな簡単なこと、それがフィードバックです。

大人からのこのフィードバックで、子どもたちは学んでいるのです。

子どもが成長するにつれて、「ワンワン」が「いぬ」であり、「ニャンニャン」が「ねこ」であり、「いぬ」も「ねこ」も、「どうぶつ」である、というふうに語彙は増えていきます。

絵本を見たり、動物園に行ったりして、「どうぶつ」には「ぞう」や「ライオン」もいる、と学びます。「どうぶつのなかま」ではないけど、「とり」や「むし」がいて、「くさ」や「き」があって、それらは「いきもの」と言うんだ、と子どもたちの世界は広がっていきます。

子どもが語彙力を高めていくためには、周りの大人からのフィードバック、働きかけが不可欠です。

フィードバックには、「それは合ってるよ、それは違うよ」と教えるだけでなく、「こういうものもあるよ」と示したり、そんな環境を用意したりすることも含まれます。
子育て広場に行ったり、保育園や幼稚園に通うのも、「環境を用意」することです。

子どもが成長すると、フィードバック、働きかけも変わっていきます。自分で調べたり、考えたりできるようになってきたら、「調べ方」「考え方」を教えたり、示したり、していきましょう。

親の使う言葉で子どもの語彙数は決まる

動画を見せるのは、どうですか？　とご質問をいただくことがあります。

今はいい動画もたくさんありますので、活用していただいてかまいません。ただ、「語彙力」を高める、という意味でいくと、大人と一緒にやり取りをしながら見る、というスタンスが望ましいかなと思います。

一日中動画が流れていて、子どもはただそれを眺めている、という状態では、「語彙力」にはつながりにくいです。

さて、この「語彙力」にも、残念ながら世帯間での格差が広がっています。

子どもの語彙の数には、親が使っている言葉が影響します。高学歴、あるいは専門職の親が育てると、子どもの語彙が多い、という研究もありますが、それだけではないかもしれません。

親と子のコミュニケーションの機会自体が少ないと、せっかくの親の語彙も、子どもが耳にすることがないままになってしまいます。

さまざまな動画や音楽のコンテンツを楽しめる時代です。テレワークも当たり前になってきて、オンラインで仕事ができるようになっています。遠く離れたところにいる人とつながれるって、素晴らしいことだと思います。

一方で、一緒にいる人と会話を楽しんだり、一緒にいること自体を味わったりすることが、知らず知らず減っているかもしれません。

在宅ワークが増えて、一緒にいられる時間が増えたのに、会話の質や量は増えていないとしたら、残念なことです。たまには外との通信を切って、家族のコミュニケーションを楽しみましょう。

おうちでカンタン！　言葉遊び

おうちのなかで、カンタンに語彙力を上げられるように、工夫していきましょう。

どんどん言葉を引き出す連想ゲーム

言葉遊びでよくやるのは、「しりとり」ですね。しりとりもぜひやってください。語彙を増やしていくには、「言いかえ」や「連想」が効果的です。

一人がお題を出したら、みんなが同じ言葉から連想する別の言葉を言います。

（お題）「雨」↓ポツポツ
↓土砂降り
↓ずぶぬれ
↓警報
↓傘
↓虹

こんな感じでドンドン言葉を出していきます。

擬音語や擬態語もオッケー。数を出すのが目的です。

リズミカルにテンポよく。すぐに出なかったら「パス」ありです。楽しんで！

別バージョンです。

一人が出したお題を、ドンドン連想して違うものに変えていきます。

（お題）「雨」↓ポツポツ
↓さみしい
↓不景気
↓失業者
↓株価
↓値上がり
↓乳製品
↓牛

連想なので、あれ？　どんな連想？　みたいな言葉になってもいいのです。直前の言葉に対して連想した言葉を言います。途切れずドンドン言うのが目的です。

2 「手」を使うと「脳」が発達する

言語中枢と脳の運動野の連携が未熟な子どもたち

子どもたちの脳の中ではどんなことが起こっているのでしょうか。

言語は脳の中でも言語中枢という部分が司《つかさど》っていますが、言語中枢は側頭葉《そくとうよう》にあることがわかっています。頭の横側のこめかみの辺り、左脳側にある人が多いようです。

言語中枢は言葉を聞いて理解するという働きをしたり論理を組み立てたりします。

「話す」ときには、この言語中枢から、前頭葉《ぜんとうよう》（頭の前側ですね）にある部分に信号を出すことで発語できています。口やのどの筋肉を動かしてくれる「運動野《や》」の部分と連携しているのです。

子どもはここの連携が未熟です。おうちで練習することでスムーズに連携できるようになっていきましょう。

大人であっても、言い間違いをしたり、言い損ねたりすることって、ありますよね。言語中枢と運動野とがうまく連携できていない、ということです。

新型コロナのころに、あまり人と話さなくなって、いざ話そうと思ったら口がうまく動かなかった、という体験を聞いたことがあります。口やのどの筋肉や神経も「運動不足」になるんですね。

子どもたちの脳は絶賛発達中です。

脳の発達、と聞くと、「勉強」のイメージかもしれませんが、私からは、「お手伝い」で脳トレ、お勧めしたいです。習慣として、無理なく、少しずつ、できること。

生活習慣のなかに組み込んで、「ついで」にできる脳トレです。

「手」は第二の脳

「手」は第二の脳とも言われています。手を動かすことと、脳が発達することには大きな関連性があります。

「こねる」という手の動きは、大脳の刺激として最適です。情緒を安定させる働きもあると言われてます。

しっかり手を動かすことで、脳は発達し、手先も器用になり、コミュニケーションの機会もつくれます。

小さい子どもにお手伝いをさせると、時間がかかったり、かえって手間になったりすることもあります。

時間がないとき、疲れているときには、ササッと自分でやってしまいたい、という気持ちも状況も、よく分かります。そんなときは無理しなくてもいいんですよ。

気持ちにも体力にも余裕のある、お休みの日にスタートしてみましょう。

「お手伝い」は「手」を使う脳トレ

具体例：こねる（ぎょうざ、つくってみよう）

粘土をこねられるようになったら、ぎょうざもデビューしましょう。汚れても大丈夫なように、エプロンやビニールシートも用意します。お買い物に行ったり、材料を冷蔵庫から出したり、切ってるところを見せたり、作業工程も楽しく工夫してください。

こねますよ！

「ギュッギュッ」「こねこね」「まぜまぜ」と擬音語や擬態語を反復するとリズムも出て、楽しいですよ（そうしているだけで、脳の運動野が動いて、言語脳と連携する信号が「ジャンジャン」出てます）。

言語脳を育てるお手伝い

包むのがうまくできないうちは、ぎょうざの皮をハサミで切って具に混ぜて焼いてもいいです。はみ出しても形が変でも、食べられるのがいいところです。

ホットプレートやフライパンに、パパやママがつくったのと並べて、焼いて、「ジュージュー」「アチアチ」。

「美味しいね」「うまくできたね」。美味しく楽しく食べましょう。

ハンバーグでも、つくねでも、いいですよ。

先日お会いしたママは、「おうちでパンをつくってるんですよ、子どもも2歳くらいでこねられます」と楽しそうにおっしゃってました。

手も、口も、脳も動かして、脳の中に信号の通る回路をたくさんつくって、語彙力も上げていきましょう。

子ども時代の家事体験の大切さ

どんなことでも、最初がいちばんハードルが高い。

最初がいちばんへただからです。

だからといって、させないといつまでも、へたのままです。

子どもはドンドン上手になっていきます。年長さんぐらいになったら、ぎょうざづくりをだいぶ任せられるようになってきます。

「お手伝い、したい」「楽しそう」「パパやママと一緒にするのが嬉しい」。そんな時期に、体験させ、実際にできるようにさせるのが早道です。

そんな時期って、いつまでも続かないのです。

「できるようになったらさせよう」と思って、いざ中学生に「お手伝いして」と言っても、「したくない」。時期を逃がしたのです。

大学生になった子どものアパートに行って、ご飯づくりや掃除をし続けている、というママもいます。「そうしないと、勉強に差し支えるから」「健康に悪いから」だそうです。

家事は「家の事」ですから、住んでいる家族全員が「家事」ができるようになるのがいいと私は思っています。いずれ独立して、それぞれが「家事」をすることになるのです。

「子どもは勉強するのが仕事だ」「勉強だけしていればいい」というのは、前時代的な考え方です。「男は仕事ができればいい」「家事は女がするものだ」というのと、同じレベルではないでしょうか。

人生100年時代に入った今、結婚するかしないかも自由に選択できる時代です。「勉強だけしていればいい」「仕事だけしていればいい」という考え方がバランスを欠いていることは自明の理ですね。

子どもが喜んでやりたい、と言っている間に、最初の一歩を踏み出しましょう。先送りせずに。

「ケーキを等分に切る」で算数のコミュニケーション

お誕生日やクリスマスに、ホールのケーキを買ってきますか？

年に何回かある、その機会。家族や親戚やお友だちが集まりますね。何等分に切り分けましょうか？

角度は何度に切ってますか？

あれ？　そんなの考えたことない。適当に切ってる？

年に数回しかない貴重なホールケーキ、もっと楽しみましょう。

何人いるのか、子どもと一緒に数えてみましょう。

６人！

６つに切るの、どうしてますか？

ママが当たり前に、ササッとやってる？

せっかくだから、言語化してみましょう。

割り算を実践する機会です。

わっ、５人！

５つに切るの、難しい。

奇数は難しいよね。
困った！　どうする？

6つに切って、ひとつ余らせる？
割り算と引き算の実践ですね。

余らせずに5つに切るとしたら？
どう切ったらよさそうですか？

等分にするほうが平等？
5等分って、どうするのかな？
分度器を使う？

大きいのと小さいのを切って、
じゃんけんで勝った人から取っていく？

ウチは5人家族で、おじいちゃんとおばあちゃんを入れると7人になって、「奇数は難しい」「今日はどうする?」とその都度、話していました。

「お腹いっぱいだから、小さいのがいい」とか、「おれの誕生日だから、いちばん大きいのはおれ」とか。

ワイワイ言うのも、お祝いならではの楽しみの一つです。

こんなふうに、数字は、もともと実体のあるもの、生活と結びついている、手触りのあるものでした。

割り算の起源は、旧約聖書のアダムとイブが一つのリンゴを二人で分け合って食べたこと、と言われています。

数字は、紙の上のもの、頭の中のもの、単なるデータである。算数や数学は、生活とはかけ離れた縁遠いものである。

そんなふうに捉えると、「数学なんて勉強しても実生活では使えない」なんて、もったいない認識になってしまいます。自分と関係ない、と思ってしまったら、なかなか理解しよう、学ぼうという気持ちになれなくても無理はありません。

「学校での勉強は、社会では役に立たない。ムダだ」と言っている人が多くて、本当に残念に思います。上の学校、高校や大学に入り、就職するための通過点、としか捉えていない人もいます。ということは、「役に立たないムダ」なものを9年間も、それ以上も、学んでいる子どもたちもかわいそう、ということになります。

おうちでの工夫一つで、算数や数学への興味や動機づけはできます。

算数や数学は、論理的な思考の基礎を築くものです。勉強がすべてではありませんが、わざわざ苦手意識を持たせなくてもいいですよね。

学校での勉強、どう生活と結びつけていくのか。それはその人の工夫次第だと考えています。

人生にムダなことは一つもありません。その人がわざとムダにしない限りは、です。

3 「五感」を活用して「語感」を磨く

「五感」と「語感」の関係

手を使うと、脳が発達する、というお話をしました。

子どもたちには「五感」、つまり、感覚をもっと使って、語感（言葉の感覚）を磨いていってほしいと思っています。

私がお伝えしたい「語彙力」というのは、いわゆる幼児教育、というのとは、違っていいます。単にたくさんの言葉を、やみくもに覚えるというのでなく、それぞれの言葉を、もっとリアリティを持って身につけてほしいのです。

抽象的な概念としてではなく、もっと手触りを感じる、具体的なものとして、言葉を使えるようになってほしいのです。

たとえば、この「具体的な」という言葉についても、国語の辞書にある「意味」を説明できるだけじゃなくて、これが「具体的」ということだ、というのを、感覚を伴った自分の言葉で説明できるようになってほしいと考えているのです。

抽象的な表現になってしまいましたので、具体的に説明しますね。

たとえば、きゅうり、という野菜があります。

動画や写真で、きゅうりを見て「きゅうり」という名前を覚え、「ウリ科の野菜」「宮崎県が出荷額一位」というデータを覚えるだけじゃなくて。実際にきゅうりを手にとって、手触りや色や匂いや味を感じて、「きゅうり」というものを知ってほしい、のです。

大きさや、色や、持ったときの重さ、とげのゴツゴツ感、切ったときに感じるちょっと青臭い匂い、少しだけ粘り気のある汁、歯触りと味。薄く切ったときと丸のままかじるときの、食感の違い。

夏場の旬の時期には、「タネ」の部分がくっきりして見えて、大きさもグンと大きくなる。その時期のきゅうりの皮はいつもより分厚く、色も緑が濃いし、匂いもはっきりと感じます。旬ではない時期のハウス栽培のとは、同じきゅうりでも味や匂いが違う、と知ってほしいのです。

夏の暑い日に、おじいちゃんの畑で育ちすぎて割れているきゅうりを採ったことがある。冷たく冷やして食べたね。

そんな「五感」を通じてのたくさんの情報と、「きゅうり」という名前とが結びついて、子どもたちの脳にインプットされるといいな、と思っています。

子どもたちの脳は、ドンドン発達していて、いろんな情報をいくらでも吸収します。

その情報が、色や匂いのついた、生きた豊かな情報であってほしい、と願っています。

そのためには、「体験」が必要です。

子どもたちには、「体験」が必要です。どんなことでも「体験」になりえます。

五感を使って、感じる機会を与えてください。

デジタルな世の中ですが、五感はアナログです。アナログの情報は豊かです。

コピーはできません。オリジナルです。誰とも違う、その子だけのたったひとつの感覚を、大切にしてあげてくださいね。そして、その**体験を言語化し、習得していくのをサポートしてください。**

机での勉強を否定しているわけではありません。五感をもっと活用してほしい、ということです。

体験を伴った言葉を使える人は、言葉に力があります。

考えていることと感じていることが結びついているからです。考えていることと感じていることが一致している人は、行動するときにストレスがかかりません。思っていることとやっていることに差がないからです。

よく「言行《げんこう》一致《いっち》」と表現されますが、やっていることと中身が一致しているので、周りから見ても信頼されやすいのです。

「相手の気持ちが分からない」ワケ

「コミュ障」って、「相手の気持ちが分からない」と言われることがあります。

しかし、「相手の気持ち」が分からない以前の問題があります。

それは、「自分の感覚が分からない」「自分の感覚がにぶい」「自分の感覚を表現できない」ということだ、と私は見ています。

「相手の痛みが分からない」と思われるようなことを言ったりしたりする原因は、「自分の痛みを的確に感じることができない」「感じる力が弱い」「感じたことを表現する語彙が少ない」からではないか、ということです。


子どもたちが小さいうちに、おうちでトレーニングしましょう。

難しいことではありません。ちょっとだけ時間を取って、子どもたちに、体験する機会を与えるだけです。

ツルツルした画面に指をすべらせるだけじゃなくて、本物を触らせてください。そして、「これは、きゅうりだよ」と教えてあげてください。

五感を通じて、学習させましょう。お料理する前、しているところ見せてあげてください。完成品だけでなく、途中も、見たり触ったり味わわせたり、してください。

ほんのちょっとでいいです。たまに、でもいいです。

一緒につくったり、見たり、話したり、してください。それが、その子の「体験」になります。

語彙を一緒に育む「五感遊び」

いったん脳が完成してしまうと、あとから感覚をくっつけるのは大変です。血の通った、重みを感じる、手ごたえのある、匂いをかぎ分けられる、味わいのある、豊かな語彙を、一緒に育んでいきましょう。

おうちでカンタン　ジュースやさんごっこ

ビニールシートを敷いたり、お風呂やベランダなど濡れてもいいところで遊びましょう。

ペットボトルや透明の容器に絵具や食用色素で色水をつくります。

どんな色ができるかな。

混ぜ合わせたら、どうなるかな。

綺麗な色になるかな。

ジュースができたら、販売もしてくださいね。
（小さい子は本当に飲んでしまわないように気をつけて）

昔ながらの、あやとり、お手玉。どれも五感を刺激して、
しかも手先を器用にしたり、身体感覚を鍛えたりする、すぐれものの遊びです。
おうち遊びとしては、最強です。
ぜひやってみてくださいね。
ここではもうちょっと体全体を使う遊びをご紹介します。

おうちでカンタン　ボール遊び

大きさや素材の違うボールをいくつか用意します。
やわらかいもの、かたいもの、大きいもの、小さいもの、
軽いもの、ふわふわしているもの、
素材もプラスチック、スポンジ、中にビーズが入っているようなもの（クッション

でも代用できます）
ボールが飛んでも大丈夫なように、部屋を整えます。
足元も片づけて、怪我《けが》のないように。

じゃんけんして勝った人が、好きなボールを手にとり、相手に投げます。
うまく投げれるかな。
うまくとれるかな。
つぎつぎボールを投げます。
全部のボールを投げたら、投げる役を交代します。
慣れてきたらだんだんスピードを上げます。

まっすぐ飛ぶもの、飛ばないもの、
うまく受け取れるもの、そうでないもの、
ボールに合わせて、投げ方や受け取り方を変えなくちゃ。
子どもの年齢に合わせて、距離や投げるスピードも調整して、

「五感」で「語感」を磨く

赤と黄を混ぜたらどんな色になるかな
ワクワク
色水をつくって五感を刺激！
ボール遊びでコミュニケーション能力を育むのだニャ〜！

みんなが楽しくできるように工夫してくださいね。
バレーボールみたいにして遊んでも面白いです。

第3章

「人と仲良くなる」は、性格ではなくスキル

――親の声かけひとつで、どんな子でも身につく

1 わが子が友だちと仲良くできるか心配なとき

✿「人と仲良くする」ということ

入園や入学、進級に際して、ママが不安に思うことのひとつが、「お友だちができるか」「お友だちと仲良くできるか」ということです。

実際に、ママからよく相談される内容でもあります。パパからの相談ではまったくないわけではありませんが、少ないです。それには理由があります。

「人と仲良くする」ということが、女性にとっては重要な問題として捉えられることが多いのは、人類が生存してきた過程で、男性が狩りに行っている間、残った女性と子どもたちでコミュニティを守るという役割を担ってきたからだ、と言われています。

研究によると、女性は相手の顔がちゃんと見えないと不安を感じるという割合が、男性よりも高いそうです。相手が今、怒っているのか、機嫌がいいのか、それを常に把握しておくのが、コミュニティの中で生き残っていくのに必要だったからです。よく「人の顔色を見る」という表現をしますが、本来はそんなネガティブな意味ではなく、生きていくのに必要なスキルだったわけです。

私たち人間の脳には、人の顔を認識する特別な部分があって、二つの目と一つの口を表すような、三つの○に反応します。人の顔を覚えたり、見分けたりする働きをするための特別な部位です。

近年、ＡＩによる「顔認証機能」が開発されましたが、人間には、ずっとずっと以前から「顔認証機能」が備わっていたんですね。

女性にとっての、「仲良くする」が、まず「相手の顔色を見る」ことで相手の状態を把握する、というスタートだったとすれば、男性はどうでしょうか。

男性にとっては、「仲良くする」というのは、一緒に狩りに行く、協力して獲物を捕り、それを持ち帰る、という行動そのものです。

男性にとっては、「人と仲良くする」というのは、「誰とするのか」ではなく、「何をするのか」のほうが重要に感じられるわけです。


男の子、男性と話をすると、たとえば「野球」をする、そのとき、野球をしているメンバーが「友だち」という認識です。「友だち」ありき、というよりは、スケジュールが合って、一緒にやれればそれでいい、という考え方かな、と思います。

女の子、女性にとっては、「誰と」が最重要です。「○○ちゃんが来ないから、行かない」という判断になりがちです。

自分にとって異性の子どもを育てるときは、このことも知っておくのが大切です。

ママが男の子に話を聞きたいなら、「誰と遊んだの？」ではなく、「今日は何したの？」から始めると会話がスムーズです。

✿「仲良し」のゴールを設定しよう

さて、「人と仲良くする」って、どういうことでしょうか？

子どもたちには、学校で、幼稚園で、お友だちと仲良くしてほしい。そのために、おうちでできるサポートがあれば、やっておきたいですよね。どうしたらいいでしょうか。

でも、「人と仲良くする」「お友だちと仲良くする」って、ちょっと抽象的で、漠然としています。

どうしたらいいのか、を考える前に、どうなることが「仲良い」状態なのかをイメージしていきましょう。

コーチングのなかでは、「どうなったらいいのか」をイメージして明確にすることを、「ゴール設定」と言います。

「どうしたらいいのか」は、手段・方法です。「どうなったらいいのか」という「ゴール」がないと、その手段・方法が適切かどうか判断できませんね。

サッカー場をイメージしてください。広い芝生のグラウンドがあり、白い線で囲ってあります。そこには必ず「ゴール」があります。もし「ゴール」がなくてサッカーをしているとしたら、サッカーという競技ではなく、ボール遊びです。

目指す「ゴール」があるから、そこに向かって進んでいるのか、後退しているのか、明確になります。はっきりしたゴールがなければ、ただ時間と体力を使っているだけになってしまいます。

「お友だちと仲良くしてほしい」という気持ちを、ゴールに変換してみましょう。

具体的に何をどうしたらいいのか、何をすればゴールに近づくのかが分かります。

「お友だちと仲良くする」のゴール設定に、「正解」ってありません。

どうなったらいいかな？

それが、答えです。

まずは？

「お友だちと「おはよう」のあいさつをする」

↓いいスタートです！　一日が気持ちよく始まりそうですね。

「休み時間に一緒に遊ぶ」

「会話ができる」

↓みんなで遊んだり、おしゃべりできたら、楽しいですね。

「お友だちの名前を覚える、覚えてもらう」

↓「みんな」の中から、「特定の誰か」になってきましたね。

「帰りに一緒に帰ってくる」

↓学校を出ても一緒にいたい、という気持ちになったんですね。

「家で一緒に遊べるようになる」

↓学校以外でも遊びたい、遊ぼう、って言える関係性がつくれてきました。


そうそう、「仲良くする」も、だんだん進化していきますよ。

どこを「ゴール」にしましょうか？　楽しみですね！


ただし、前提としてお伝えしたいのは、**お友だちの数が多ければいい、とか、みんなと仲良くしなければいけない、とか、必ず「親友」をつくらなければいけない、とかをゴールにはしないでほしいということです。**

理想ではなく、その子どもにとっての、「友だち」「仲良し」でいいのです。念のため。

✿「仲良くなる」は一生モノのスキル

ママたちとお話をしていると、「どうなったらいい？」ではなくて、「こうならなければいい」という言い方が多いなと感じています。

「こうなったら困る」「こうなったら心配だ」という表現もよく耳にします。
「こうならなければいい」の例としては、

- 休み時間にひとりぼっちで過ごしていないといい
- ケンカして、人を叩いたり蹴ったりしなければいい
- いじめられなければいい
- みんなと違うことをして、嫌われなければいい
- 言いたいことが言えずにがまんしてなければいい
- 仲間外れにされなければいい

　コミュニティで孤立することは、生存に関わる重大なことですから、ママたちの「心配」「懸念」は、もっともなことです。

　ただ、この表現の仕方では、「学校はイヤなことが起こるところだ」「お友だちと仲良くするのは大変なことだ」「学校は怖い」「人は怖い」というメッセージが暗に伝わってしまいます。

もちろん、イヤなことは起こるかもしれないし、お友だちとうまくいかずケンカしたり、嫌われたりすることも、あるかもしれません。

それでいいのです。

イヤだな、と感じる体験、お友だちとうまくいかない体験、ケンカする体験、嫌われる体験。それらを人生からすべて排除することは、できないし、しなくていいのです。

大切なわが子を守りたい。親だったら、当然そう思います。でも、ずっとそばについて守り続けることは不可能です。

私たちにできることは、自分で自分を守れるスキルを身につける手助けをすることです。

「人と仲良くする」ということを、子どもたちにスキルとして身につけていってほしい、と私は考えています。

「人と仲良くする」「人との関係をつくる」というのは、人生を通じて役立つ力です。

いい学校を出るとか、いい会社に入るとか、営業で成績を上げるとか、お金を稼ぐとか、人生の目標として重要だと考えられていることも、それだけでは意味がないのです。

一緒にいる人との関係性、自分自身との関係性が悪ければ、「成功したけど、それがどうなの？」ということになってしまいます。

人間関係が良好であれば、人生において、うまくいかない時期も乗り切れます。

人間関係は、コミュニケーションスキルでつくるもの、つくれるものです。その基礎を、おうちという安心・安全の場所で練習しておきましょう。

2 あいさつで、仲直り

おうちで「あいさつ」してますか

幼稚園・保育園、学校、習い事、塾、部活、そして職場。これから子どもたちが属するあらゆるコミュニティで、「あいさつ」って大事です。言われるまでもありません。

それなのに、おうちであいさつしないって、ダメですよね。

「おはよう」や「おやすみ」、「行ってきます」「いってらっしゃい」、「ただいま」「おかえり」、「いただきます」「ごちそうさま」……。

子どもたちは言ってるし、言うように促してる。けど、大人はどうでしょうか？

言ったり言わなかったり、片方が言っても、返事をしなかったり。

実は子どもが生まれてからの夫婦のコミュニケーションがうまくいかない、というご相談が増えてきているのです。

あいさつって、ちょっとしたわだかまりがあると、したくなくなりますよね。それはなぜかというと、「あいさつ」って、内容がないからなんですね。

夫婦でケンカしていて、もう話したくない！　プンプン！　ってなっていても、いわゆる業務連絡はします。

最近は、ＬＩＮＥとかで送るのでしょうか。家族で暮らしていると、必要な連絡事項ってあります。「今日は残業だから晩ご飯いらない」とか、「明日の子どもの習い事の送り迎えはあなたがやってね」とかですね。

でも、あいさつは、「あっても、なくてもいい」。だから、しない。

よく聞くのは、片方が「ただいま」と言っても、「おかえり」と返事しない、というパターンです。怒ってるほうが返事しない。しても「うん」ぐらいです。

「ただいま」「うん」……

心当たり、ありますか？

ウチはよくありました。もちろん、私が「うん」のほうです。ケンカや行き違いで腹を立てて、それを引きずって、不機嫌の表現として、「うん」。

ひどいときは、「ただいま」「シーン（返事なし）」です。

返事してもらえないとイヤなので、「ただいま」と言うほうも言わなくなってきます。

そして、それが常態化することもあります。

子どもが生まれて、ママの体力がまだ戻ってこず、ホルモンバランスが狂っている期間、夫や周りの人たちに対して、「敵意」のようなものを感じる時期があります。夫や舅姑だけでなく、実の親にも感じることがあります。子どもを守るために出るホルモンなのですが、子ども以外の存在に対して、過剰に反応することがあるのです。最近の言葉で言うと、いわゆる「ガルガル期」です。「マタニティブルー」とも言っていて、攻撃性が高くなったり、悲しい気持ちが湧き上がって抑えられなくなったりすることを指します。

この時期に言われたりされたりしたことで、深く傷ついたり、逆に相手を傷つけたりして、関係性が悪くなることが多いようです。

以前、熟年離婚の相談を受けたときに、出産後の夫のふるまいについて、「あの恨みは一生忘れないように、何度も何度も心に刻んだ」と話した方がいました。その後20年以上も夫婦生活を続け、子育てを共にしてきたのに、です。

きっと楽しいことや嬉しいこともいっぱいあったでしょう。何度も心に刻まなかったら、うっかり忘れて、許してしまいそうだったんですよね。忘れたら「あのときの自分」がかわいそう、と思ったんですね。

どちらがいいのか、他人が判断することではないとは思います。でも、「ホルモンのせい」かもしれないのです。それを知っていたら、20年を違うふうに過ごせていたかもしれません。

さて、話を戻しましょう。

一度しなくなったあいさつを、急に自分からするのは、なかなかハードルが高い。

でも、今、一緒に暮らしているなら、「あいさつ」はしたほうがいいです。

たとえ何があっても、「あいさつ」だけはする、というルールにしてしまうのをお勧めしています。

「ルールを決める」というのも、コミュニケーションスキルです。

本来は、家族を持ったら、最初に決めておくのがいいです。ケンカして気まずくなる前に、ですね。

でも、気まずくなっても、やり直せます。今からでも話してルール化しましょう。ルールですので、夫婦で、あるいは、家族で話して、共通認識にしておく必要があります。

「〇〇家のやくそく」って、書いて貼っておくのもいいですね。

ケンカしている、怒っている、だから、「あいさつしない」という習慣を変え、「何があっても、あいさつだけはする」というルールに変更です。

ケンカして気まずくても、調子が悪くても、機嫌が悪くても、あいさつは、する。

それで、関係性が戻ってきます。

✿「あいさつ」のすごい力

「あいさつ」には、不思議な力があります。「存在承認」という力です。

早朝の誰もいないグラウンドで、帽子を取って一礼し、
「おはようございます！」と大きな声であいさつする、野球部の生徒。
朝のすがすがしい空気のなかに、声が響きます。

誰もいないのに。
誰に、あいさつしてるんでしょう？
ただの習慣？
でもきっと野球の神様には届いています。
今日も気持ちよく練習ができますね。

朝起きてきた子どもには、「おはよう！」と呼びかけます。
今日も、朝起きて、顔を見て、「おはよう！」と言えること、
それは、普通のことではないのかもしれません。
ここにいてくれて、ありがとう。
それを伝えるのが、あいさつなのかもしれません。

「私は、ここにいます」

「私はあなたがそこにいることを、知っています」

これが、「あいさつ」です。


「おはよう」「ただいま」

あいさつは「存在を伝える言葉」。

その返事となる「おはよう」「おかえり」。

あいさつは「存在を承認する言葉」です。

お互いがそこに、無事に、存在していることを伝え合い、承認し合い、感謝し合い、祝福し合う。

存在承認。それが、あいさつの持つ不思議な力です。神社の祝詞《のりと》ぐらいのパワーワードです。

たとえケンカしても、仲直りする気持ちにきっとなる。それぐらいのパワーがあるんですよ。

気持ちがこもってなくても、かまいません。いつのまにか気持ちも変えてくれます。

毎日のあいさつで、実感してくださいね。

3 「はい、どうぞ」「ありがとう」で受け取る練習

家族に「ありがとう」を言っていますか

新型コロナが5類に移行して、リアルでお会いする機会もまた増えてきましたね。オンラインにはオンラインのよさがありますが、リアルでお会いできると格別に嬉しいです。とくにお子さんとママとのやり取りの様子は、見るだけでも心がほっこりします。

1歳後半くらいのお子さんが、積み木や車を持って来てくれました。ちっちゃい手で、「どうぞ」って渡してくれます。

受け取って、「ありがとう」と言うと、満足そうな顔をします。何か仕事をやり遂げたぞ。そんな顔です。

それをまた、「はい、どうぞ」と渡すと、にこにこして受け取ってくれます。
あたたかいものが、循環します。

おうちでの、日常のコミュニケーションにも、こんなふうな循環があると、よさそうですね。

たとえば、食卓で、おしょう油を取ってもらうときって、どんなコミュニケーションをしてるでしょう。

「おしょう油、取って」「はい、どうぞ」「ありがとう」

こんな感じですか？

取ってもらっても、「ありがとう」と言わないおうちもあるかもしれません。

「しょう油」「ん」

こんなおうちもあるかもしれません。

子どもがしょう油に手を伸ばす↓ママが気づいて、しょう油を取ってあげる
いい悪いは置いておいて、コミュニケーションの手順が省かれているのが分かりますね。

家庭では、言葉でのコミュニケーションはとかく省略されがちです。いつも同じメンバー、同じようなことを繰り返しているので、わざわざ言語化して確認しなくても、生活に支障は出にくいからです。

お互いのことをよく分かっているからこそ、といういい面ももちろんあるのです。

「言わなくても自分のことを分かってくれる」「口に出さなくても、やってくれる」。長く一緒に住んでいる家族ならではの、「阿吽《あうん》の呼吸」と言われているものも存在します。

好きなものを知っててくれて、プレゼントしてくれたり、苦手な食材は使わないようにしてくれたり、いい関係ができているからこそ、「言わずに伝わる」嬉しさもあります。

ところが、いったんボタンのかけ違いが起こると、これが逆効果になってきます。

「言わなくてもやってくれる」がスタンダード（基準）の家庭では、「言ったのにやってくれなかった」ということが、不満やケンカの原因となりがちです。

「お父さん、ゴミ出ししておいてね」

「……」（無言、あるいは生返事）

あっ、また出してない！　もう！

（腹を立てながら、あるいは、ため息をつきながら、自分でゴミ出しする）

「家族は言わなくてもやってくれるものだ」という思い込みが、不要な怒りを生む原因になっている、と私は考えています。

「大事なことだから、わざわざ言ったのに（してくれなかった）」と思うから、腹が立つのです。それが続くから、がっかりし、「言ってもしてくれない」、この人はそういう人だ、とあきらめていくのです。

✿伝える・確認する・感謝する

家庭以外の場面では、「言わなくてもやってくれる」は、スタンダードではありません。職場ではどうでしょうか。


「これをしてください」

「分かりました。いつまでですか？」

「いついつまでにお願いします」

「承知しました」

「終わりました。確認お願いします」

「確認しました。ありがとうございます」


少なくとも、これくらいのやり取りは必要です。

「ゴミ出し」や「ご飯を炊く」のような日常の家事に、こんなやり取りが必要なのか？

と思うかもしれません。

でも、もし、「言ったのにやってくれない」という不満が続いているのなら、必要なフェーズ（段階）に入っていると判断してください。

「言わなくてもやってくれる」「言わなくても分かってくれる」というのを家庭のスタンダードにするのは、もうやめましょう。

言わなければ伝わらないし、確認しなければどのように理解したのかも分かりません。

そして、ビジネスシーンのように、明確に伝える、確認する、感謝するというやり取りを、新しいスタンダードにしていきましょう。

そんな他人行儀な、と古い世代の人には言われると思います。でも、もともと他人です。

他人が一緒に住んで、家事も子育ても、協力してやっていくわけですから、丁寧なやり取りをするに越したことはありません。

そのやり取りを見て育った子どもたちは、社会のなかで、どんなコミュニケーションを取るでしょうか。

丁寧で、確実な仕事をすることに、つながりそうですか？　信頼される人物になりそうですか？　家族を大切にできる人になりそうですか？

家庭でのコミュニケーション、意識して、丁寧に、確実にやっていきましょう。

私たちは、もともと他人です。考え方も感じ方も、仕事のやり方も、全部違うのです。

確認しましょう。何が好きなのか、どうするつもりなのか、**やり取りの回数が、関係性をつくっていく**と知ってください。

そして、子どもたちは「宇宙人」だと思ってください。初めて地球に来た、宇宙人にコミュニケーションを教えていくのです。

地球のコミュニケーションの、最初と最後は「あいさつ」だよ、と教えてくださいね。

人と関わる体験を楽しむ「ごっこ遊び」

「おままごと」って、昔からある遊びがあります。「お母さん」「お父さん」「子ども」の役割になって、ご飯をつくったり、食べたりする遊びです。「お母さん」役が人気で、誰がなるか取り合いでした。子どもにとって「お母さん」という役割が憧れだったわけですね。今もそうだといいですね。

「お母さん」イコール「ご飯をつくる人」は、今の時代に合っていませんから、そこは望ましい状態に変えていきましょう。

ここでは、「役割遊び」をご紹介します。

「役割」とは、関係性のことです。役割によってふるまいも言葉も変わります。誰でも「お店の人」になれますし、「お客様」にもなります。

お店の人とお客様との関係性を、「ごっこ遊び」で体験しましょう。

レストランごっこ

お店の人（シェフ、ウェイター・ウェイトレス役）とお客役に分かれます。

お席を用意します。メニューをつくっておくのもいいですね。

お客様は、お店の人が案内してから座ります。

「ご注文は何になさいますか？」

お料理をつくる、運ぶ、テーブルに並べる。

「はい、どうぞ。召し上がれ」

この遊びでは、お店の人が主役です。

使っている食材やお料理の内容を説明してもらいます。

お客様は、シェフに敬意を払いお店の人に感謝して食べるのがルールです。


買ってきたものや宅配してもらったものを食べるときにも、ぜひ「レストランごっこ」をやってみてください。ウェイターさんになって並べるだけでも「役割遊び」です。

自己有用感と社会性が身につく
「役割遊び」

子どもたちは「おみせ遊び」のようなごっこ遊びが大好きです。

「役割」を考え、段取りを考え、お客様とのやり取りを楽しめるからです。

小さいころから、世の中には、いろんな役割があることを体験してほしいですね。

毎日の食事のときに、テーブルをきれいにしたり、お箸を並べたり、しますね。それも、「役割」です。

子どもたちにも、「役割」をあげてください。

「テーブルをきれいにする役」

「お箸を並べる役」

役割を果たせると、自己有用感が上がります。

自己有用感とは、「自分は役に立つ」っていう感覚のことです。「役に立つ」って、嬉しいことです。

モチロン、「テーブルをきれいに拭《ふ》いてくれてありがとう」「お箸《はし》を並べてくれてありがとう」って、「確認」と「感謝」をしてくださいね。

実際に社会に出ると、役割を果たして仕事をしても、感謝されることはあまりありません。その代わりに「お給料」「報酬」が入ります。だから、仕事を続けられます。

家庭では、金銭としての報酬の代わりに、感謝の言葉が「通貨」だと思ってください。

めんどくさくても、「やって当たり前」と思わずに、感謝の言葉を口に出していきましょう。「通貨」ですから、循環してきますよ。

「ママ、いつもありがとう」

「パパ、いつもありがとう」

いいエネルギーが回ってきます。こんないいコミュニケーションを取ってるおうちって、素敵ですね。

4 コミュニケーション・エラーを防ぐために

「相手の気持ちになってみる」のは無理

小学校高学年の男の子Dくんのママからの相談です。

国語のテストで、登場人物の気持ちを考えましょう、という問題が出たときに、「その人じゃないから分からない」と言うのです。

とくに、登場人物が女の子、女性だと、まったく分からない、想像なんてできない、と言います。

どう教えたらいいのでしょうか？

このままでは、人の気持ちが分からない子になりませんか？

私は元国語の先生でしたので、国語の先生としての立場からお伝えしますね。

登場人物の気持ちを答えなさい、という問題に対して、どのように解答するのが正解かと言うと、

❶登場人物の「感情」「感覚」「考え」「行動」(の変化)が書いてあったら、線を引く

A子は、悲しくなった(感情)
胸の奥が冷たくなっていく(感覚)
もうB子の顔も見たくない、と思った(考え)
B子やみんなのいるほうから、顔を背けた(行動)

❷これらの記述から総合して判断できることを、A子の「気持ち」としてまとめる

これが、求められる解答です。なぜ、そんな気持ちになったのか、という「出来事」を入れて、文章としてまとめられれば十分でしょう。

小学校で「国語」が得意な子どもに多い答えは、こんな感じかもしれません。

きっとこのA子ちゃんは、B子やみんなのことが嫌いになっただろうな。

私だったら、もう二度と口きかないし、学校も行かないかも。

A子ちゃん、ひとりぼっちになって、誰も味方がいなくて、ツラいだろう、かわいそう。

そんなふうに「気持ち」を想像してふくらませることはできるかもしれません。「気持ち」を答えよ、と言われたら、そんなふうに想像してしたり、共感したり、します。でも、あくまでも想像にすぎません。そして、その「想像」や「共感」は、「国語」という教科の答えとして求められてはいません。

小学校では、この「想像」や「共感」を書いても、(大きく方向性が違っていない限り)マイナスにはなりません。

しかし、中高と学年が上がっていくにつれて、単なる想像や共感は、減点対象になってしまいます（想像力豊かな子どもが、中高と上がるにつれて、国語の点数が取れなくなってしまうことはよくあります）。

国語のテストにおいては、「どう書いてあるのか」がすべてです。

もし、この切り取られた問題文のあとに、

「A子が目を向けた方向には、明るい光が差してきていました」

と書いてあったら、どうでしょうか。

「目を向ける」「明るい光」「差してくる」と書いてあることから、ネガティブな気持ち、暗い未来は読み取れません。

「かわいそう、ツラいだろうな」という想像や、共感は的外れということになります。


ご相談されたDくんは、論理的な考え方をする慎重なタイプです。

人の気持ちを自分勝手に想像なんて、できないよね、それでいい、とお伝えしました。

国語のテストで、「登場人物の気持ち」を答えるときに大切なことは、「書いてあること」を元にする、ということです。想像や共感は、求められていないのです。

国語のテストだけに限らず、実際の生活においても、「書いてあること」つまり、「事実」をベースにコミュニケーションを取ることを、私はお勧めしています。

想像力や共感する力は、とても大切だと思います。

しかし、それは、「事実」とは、異なるかもしれません。

「きっとそうだ」「私がそう感じるのだから、相手もそうに違いない」と思い込みすぎるのは、コミュニケーション・エラーの元です。

だから、確認、確認、確認！

こんな話を聞いたことがあります。ドイツの人と結婚して、ドイツで生活することになった日本人の女性からです。

仕事を始めて間もないころ、2人で分担してやっていた仕事の、自分の分が早く済んだので、ほかのメンバーの分をやってあげたそうです。

「よかれと思って」「そうしたら私も彼女も早く帰れるから」と。

そうしたら、そのメンバーがものすごく怒ってきた。頭から湯気が出るくらい怒っていたそうです。

その日本人の女性は、まったく悪気はなく、むしろ喜んでくれると思っていたので、なぜ怒られるのか、理解できなかったそうです。

そのドイツ人がなぜ怒ったのか、分かりますか？

「あなたが私の仕事を勝手にやってしまった、ということは、私が無能だ、会社にとって必要ではない存在だ、と示すことになる」という理由だそうです。

「次の仕事を依頼されないかもしれない。クビになるかもしれない」。そんな重大なことだと、ドイツ語でキレながら説明されたそうです。

自分と他人の区別をしっかりつけ、自分の能力や仕事について自分でアピールして確保することが「当たり前」のドイツ人と、日本人との違いに驚愕《きょうがく》した、と言われていました。

一言、「この仕事、手伝いましょうか？」と確認しておいたらよかったのです。

「手伝いましょうか？」

「お願いします」

これで、ドイツ人メンバーの判断や指示のやり取りが入った、ということになります。自分で仕事のサポートが必要だと判断し、自分で依頼してやってもらうことと、相手が勝手にやってしまうことでは、同じ結果でも、まったく責任の所在が違います。文化や考え方が違うからこそ、しっかりと確認し、すり合わせるプロセスが大事になってきます。

「自分はこう考えているけど、あなたはどう？」共通の認識を持って仕事ができれば、行き違いは減ります。

この件以来、そのドイツ人とは何でも話せる仲になったのですが、「勝手にやらない」「よかれと思わない」というのは肝に銘じたそうです。

日本人の持つ、「察する」「気配り」能力は、素晴らしいと思います。ある限定された分野で、ごく限られた仲間と過ごす場合は、それが美学となるでしょう。しかし、現代の社会では、いいことよりも、マイナスなことのほうが多いようです。たとえ美しくなくとも、実用的で、ビジネスライクであっても、確認すること、確認するスキルを上げていくことが、これから求められていくと思います。

想像力や共感能力というものを高めていくのは、難しいことです。個人の資質や育ってきた環境が違うからです。

しかし、「事実を元に確認する」ことは、スキルとして誰でも習得することができます。大きな勘違いや大きなお世話になってしまわないように、しっかりと確認するようにしましょう。

「言わなくてもやる子」になる確認の習慣

実際のコミュニケーションは、「話し言葉」がほとんどです。

「書いてあること」は不変ですが、「話し言葉」には、言い間違い、聞き間違い、覚え間違いがつきものです。

「確認」しましょう。復唱、繰り返し言って確認すること。

そして、大切なことは、メモを取るといいですね。

「言った」「言わない」のミスを防ぎましょう。

単なるミスがケンカのタネにならないように、防げるものは防ぎましょう。

みんなが集まるリビングかキッチンに、カレンダーや予定を書き込むホワイトボードを貼ってあるおうちは多いかと思います。

「みんなの予定」なのに、ママだけが書いて、ママだけが覚えて、ママだけが準備する、という話もよく聞きます。

「みんなの予定」ですから、みんなで書くところを確認して、みんなで共有するようにしましょう。

まるでオフィスや学校みたいに、ですね。

「言った」「言わない」

「そんなつもりじゃなかった」

「聞いてくれたらよかったのに」

せっかくの家族の時間、もっと実のある、愛のあるコミュニケーションのために使いませんか。

きちんと確認、その習慣と、ちょっとした工夫で、事故もケンカも防げます。

おうちで楽しく　予定表づくり

子どもにもホワイトボード、用意してあげましょう。

私のコーチング講座1期生で、「おしたくボード」というものを開発された方がいます。小学校に上がるタイミングで、自分のものを自分でおしたくできるようになる、画期的なボードです。

手づくりでもできますので、ご紹介しますね。

用意するもの　ホワイトボード（30センチ×20センチくらい）、マグネット、マグネットに貼るシール、フェルトペン

学校に持っていくものをリストアップ（うわばき、エプロン……）して、マグネットに書く（マグネットにシールを貼ると書きやすい）。

ホワイトボードに縦に線を引いて、片側に×、片側に○とゾーン分けする。

持っていくものを書いたマグネットを×のゾーンに貼る。

用意ができたら、マグネットを○のゾーンに移す。

材料は１００均で安く手に入ります。一緒につくっても楽しいですよ。

ホワイトボードにマグネットを使って、楽しく「確認」の習慣が身につきます。

キャラクターや好きな模様のシールを貼ったり、好みにカスタマイズしてみるのもいいですね。

子どもの学校の準備、いつまで手伝ってあげればいいのかしら？

そんなふうに思っているママやパパ、多いです。

一人でやれるように、サポートしてあげましょう。

ホワイトボードとマグネットで、タスクの見える化をします。

「見える化」は言葉で言うより何倍も効果的です。

「やりなさい」と言われたり、「やったの？」と聞かれたりして行動するよりも、行動がしやすいのです。「人に言われてやる」よりも、「自分で見て、行動できる」ほうがカッコイイですよね。

言われなくても一人で準備できる子が育つ「おしたくボード」

何よりも、「自分でやった」と自分で自分を承認できます。

人からほめてもらうのも嬉しいですが、自分で自分が承認できると、自信のレベルが上がります。


やった・やらない、できた・できない、見える化しましょう。

ほんのちょっとしたことですが、子どもの自己有用感を上げていくのに効果的です。


同じように、朝や夜のルーティンを書いて、マグネットでチェックするのもいいですね。


はみがき、きがえ、あさごはん……

毎日毎日、「早く着替えなさい」「あさごはん、食べたの?」と言い続けるよりも、よさそうですね。

ホワイトボードには、「いつまで」という時間を書いておくと、子どもが自分で見て、「急がなきゃ」と行動するようになっていきます。

時間を守れるように、だんだん進化していきます。

第4章

身体を使ってコミュニケーションを豊かに！

──「言葉」だけでは伝わらない気持ちの伝え方

1 言葉に頼らない方法

♪身体を使ったコミュニケーションを活用しよう

身体を使ったコミュニケーションと聞くと、どんな印象がありますか？

英語では、ボディランゲージという言葉があります。

欧米人は大きな動作、身振り手振りを交えて、コミュニケーションを取っていることが多いです。ハグやキス、握手など、人と触れ合う文化があります。

日本では、身体を使うコミュニケーションについて、それほど意識されることはないかもしれません。学校の「国語」の授業でも、取り扱うことはありません。

コミュニケーションには、言語によるものと非言語によるものとがありますが、「非言語コミュニケーション」の多くの部分を「身体」を使って行います。声を使ったコミュニケーションでも、「言語」以外の部分は、非言語コミュニケーションです。

声を使った非言語コミュニケーションとは、泣く、とか、わめく、とか、「おーい」と呼びかけるとか、声を出して笑う、とかです。

あらっ、子どもがよくやってますよね。

子どもたちが大きくなって、言葉を話すようになると、非言語コミュニケーションの数も量も減ってきます。泣いたり、わめいたりする代わりに、言葉で表現できるようになるからですね。

それはとてもいいことなのですが、大人になると言葉に頼りすぎるようになるのが気にかかります。もっと非言語の部分を活用することで、コミュニケーションは豊かになる、と私は考えています。

この章では、身体を使ったコミュニケーションを活用すると、どんないいことがあるのかをお伝えしていきます。身体を使ったコミュニケーションの持つ可能性に気づくと目からウロコが落ちるかもしれません。

♪「ワンアクション」入れたら、気持ちが切り替わる

「筋肉反射テスト」という、筋肉の力の入り具合によって、ストレスがかかっているのか、そうでないのかが分かるテストがあります。

筋肉は脳からの電気信号で動きますが、ストレスがかかると信号がうまく流れず、結果として筋肉がうまく縮まない（ので力が入らない）、という仕組みを使って、何がストレスになっているのかを特定することができるのです。

本音とは違うことを口にすると、ストレスを感じるときと同じように脳内の信号が流れにくくなります。自分の本音が何か分からないことが多い現代人のストレスチェックや、その解消のために使われています。

本音ではやりたくないと思っていることを仕方なくやるときに、力が入らないという経験をしたことがありませんか？

やりたくないことをするときには、ストレスを感じ、身体が動きにくくなってしまうのは、あなただけではありません。

それは、脳と身体がそういう仕組みになっているからです。人間は口では嘘がつけるが、身体は嘘がつけない、というのは、そういうことです。

子どもがいつまでもだらだらとゲームをするのを、どうにかできないでしょうか？とご相談を受けることがあります。

ゲームをする時間や、宿題をいつするのか、ということについて、家族で話をしてもなかなか改善できない、とのことです。困りましたね。

ゲームやめて宿題しなきゃ、と思いながら、なかなか行動に移せない。

ゲームはやりたいこと、宿題はしなければいけないこと、つまりやりたくないこと、です。やりたいことを続けるほうが、楽です。いったん流れ始めた脳の中の信号をわざわざ変えたくありません。

さあ、宿題、と思っても、身体がなかなか動かない。それは、仕方ありません。ゲームは楽しいですからね。

どうしましょうか。

本来なら、宿題を先にやってゲームがあと、という流れがよさそうです。やりたくないことからやりたいことに切り替えるのはカンタンです。

でも、学校から帰ったら、まずゲームしたいんだよね。

その気持ちも分かります。


ゲームと宿題、その間に、もう一つアクションを入れてみましょう。

ゲーム↓おやつ↓宿題
ゲーム↓スクワット↓宿題
ゲーム↓猫をモフモフする↓宿題

一つアクションを入れることで、宿題へ行動を切り替えるきっかけをつくります。

使う筋肉も変わりますから、脳内に流れる信号も切り替わります。

できれば、ゲームをする場所と、宿題をする場所は別にしたほうがいいです。

場所を変えることで、身体を動かせます。身体を動かすことで、感覚が変わります。

それによって、気持ちの切り替えができます。

♪「会話が一方通行の子」が会話の配分を身体で覚える方法

別の方のご相談です。小学校3年生になるYくん。会話が一方通行になってしまう、というご相談でした。

頭がよく、知識が豊富なYくんは、自分の興味のある話になると、相手が聞いているかどうかを気にせず話し続けるそうです。

なるべく話を聞いてやろうと思っているのですが、長くなると、親でさえ苦痛です。お友だちと会話になっているのか、心配です、というママからのご相談でした。

通常、ふたりでの「会話」ということで考えると、話すことと聞くことの配分は、1対1が目安でしょうか。

配分があまりにも偏ると、どちらかに負担がかかることになりがちです。話したい人と、聞きたい人、の組み合わせであれば問題はありませんが、小学生男子であれば、

「聞きたい人」の割合は少ないと思われます。

そうですね。今のうちに、話の配分をつかむための練習をしたほうがよさそうです。

ボールを持って話す・聞く練習

Ｙくんに、どうしてこの練習をするのかということと、やり方を事前に話しておいてくださいね、と言って、Ｙくんママに、ボールを使った練習方法をお伝えしました。

Ｙくんと話をするときには、ボールを使います。

話をする側の人が、ボールを持ちます。

聞いている人は、ある程度の時間（長くて5分くらいまで）聞いたな、と思ったら手を出します。

話をしている人は、途中でも、話し終えます。ボールを相手に渡して、今度は話を聞く側になります。

ボールを持っている人が話す人。そうでない人は、聞く人。役割分担、分かったかな。

Yくんママも、自分の好きなものや趣味の話、今日あったことを話してくださいね、Yくんと同じように熱心に。

終わったら、ボールを渡します。

二往復ぐらいしたら、練習はおしまいです。また明日。

「えっ、私も話をするんですか？　聴くんじゃなくて？」

Yくんママは子ども思いの、素敵な方です。子育てには傾聴が大事、と知って、Yくんの話を一生懸命、聴いてきたんですね。

傾聴は、コミュニケーションの中でも大切なスキルです。Yくんにも、傾聴の体験をたくさんしてもらいましょう。

ボールを持って話す、ボールを渡して聞く、身体の感覚を使って、「話す」と「聞く」の配分を覚えていきます。ボールを渡す、ボールを受け取る。その動作と、「話す」「聞く」の切り替えを結びつけていきます。
子どもに何かを教える際は、身体感覚に結びつけて習得させるのが、いちばん効果的です。漢字を覚えるときは、鉛筆を持って書きます。視覚と身体感覚を併せて覚えると、記憶が定着しやすいのです。

子どもは理屈でなく、身体で覚えると理解が早いです。

「会話」には順番がある、配分を考える。Ｙくん、すぐにコツをつかみました。

どうして人の話を聞けないの？

実は、大人にも、Ｙくんのように自分ばっかり話す、という人はいます。相手が聞いていなくても気にしない。ただただ話したい。その内容が面白ければいいのですが、そうでないときは、周りはツラいです。

ＰＴＡの懇親会のような席で、一人一人自己紹介したり、近況を話したりするときにも、このボール（でも何でも。話し手の目印になるもの）を使うとスムーズに進行できます。

話し手が話しているときに、ほかの人がわちゃわちゃ割り込んだり、近くの人で勝手に話し始めたりして、うまく会が進行しないことってありませんか。

司会進行役の人が、「誰が話す番でしたっけ？」と確認したり、「静かにしてください」と注意するのも、スマートではありませんね。

誰が話すのか、今誰が話しているのかを明確にしておくと、一人の人が話しすぎることも防げます。一人の話す時間の目安を最初に伝えておくのもいいですね。


どうして人の話を聞けないのか。

「自分ばっかりおじさん」が自己中心的な人だから、ではありません。懇親会に集まった人たちの性格が意地悪だからでもありませんし、司会進行の人の段取りが悪いからでもありません。

そうです。スキルを知らなかった、コミュニケーションを学ぶ機会がなかった、というだけのことです。何しろ学校では教えてないですからね。

Ｙくん、大人にとってもなかなか難しい「話す」と「聞く」の配分と、その切り替え方法を教えてもらってよかったね。Ｙくんママ、グッジョブです。

2 「アンカリング」で気持ちを後押し

子育てに使えるアンカリング効果

アンカリング、って聞いたことありますか？

記憶と身体的な感覚が深く結びついたもの、深く結びついて条件づけられることを、ＮＬＰ心理学では「アンカリング」と呼んでいます。

たとえば、過去にひどい裏切りをされて、心が傷ついた経験がある人が、そのことを思い出すと、胸の奥のほうに鋭い痛みを感じる、というのも、アンカリングです。

金木犀《きんもくせい》の匂いをかぐと、中学生の校庭の生け垣、中学生時代、仲のよかった友だちや初恋の人が思い出される、というのも、アンカリングです。

小さい子ども、かわいいですよね。

「大好きだよ！」と言って、ぎゅーっと抱きしめますね。

子どもは、ぎゅーっと抱きしめられた感覚と、ママの匂いやパパの優しい声を、アンカリングしています。

そんなふうに、意図せずアンカリングされた経験は、みな一つや二つは持っているものです。

ここでは、意図して、いいイメージ、いい感覚のアンカリングをつくる方法をお伝えします。

いつでもいいイメージや、いい感覚を再現して、最高のパフォーマンスを発揮できるためのスキルです。

ＮＬＰでは、自分自身でアンカリングを再現できるように学びますが、ここでは、子どもに対して親がサポートしてアンカリングする方法をお教えしましょうね。

背中にパワーボタン

習い事の発表会、サッカークラブの試合、入学試験。ここぞ、というときには、いちばんいい状態で臨んでほしいですよね。

ところが、ここぞ、と思えば思うほど、緊張して実力が発揮できない、ということになりがちです。

そんなときに役立つのが、「背中にパワーボタン」です。背中にボタンを付けアンカリングします。

より望ましい状態をアンカリングして、ここぞというときに、その感覚が再現されることで緊張から解放され、いつもの実力を発揮できるようになります。

子どもの背中の肩甲骨《けんこうこつ》の間、背骨の上を親がさわります。

「ここにパワーボタンを付けるからね」と子どもに話します。

パワーボタンがどんな役に立つのか、話してください。

親はパワーボタンの位置を手のひらで（あるいは指先で）強めに押しながら、ここぞ、の場面、大成功した場面を想像します。
発表会できれいなドレスを着て、キラキラしたライトを浴びている姿。
ドレスは何色、何を発表するのか、どんな気持ちなのか、話し合ってくださいね。

試合で先発出場、グラウンドの土の上を走っている姿。
ポジションはどこ、ゼッケンは？　シュートを決めるのか、相手の攻撃を防ぐのか、どんなふうに活躍するのか、イメージを明確に。

合格発表で「合格！　おめでとう！」と喜んでいる姿。
ネットで見て合格だと知るのか、合格発表を見に行くのか？
周りにどんな人たちがいるのか、どんな天気か。
どんな気持ちでいるのか、何を頑張ったから合格できたのか？
聞いてくださいね。

子どもと会話しながら、イメージを言語化していきます。

最後に、背中のボタンをぎゅっと手で押して、アンカリングしましょう。

手の、指の、あたたかい、力強い感触を子どもがしっかりと感じるようにしてください。

背中に、パワーボタン、設置完了です。

毎日、あるいは、ときどきボタンを押して、アンカリングを強めてください。

発表会や試合の当日はもちろん、パワーボタンでしっかり後押ししてあげてくださいね。

3 身振り手振りで、もっと分かりやすく

♪「言っても分からない」は、相手が悪いのではなく伝え方の問題？

最初にお伝えしましたが、日本ではあまりボディランゲージを使ったコミュニケーションについて知られていません。スキルとして教えてもらってないので、知らない。使えない。だから、ついつい言葉に頼ってしまう。言葉によるコミュニケーションに偏ってしまいがちです。

言葉でのコミュニケーションには、弱点があります。

ひとつは、聞き逃し、聞き間違いが多いこと。すぐに忘れてしまうこと。

あっ、伝言ゲーム、というのがありましたね、あれです。

私たちが情報を取得するために使う感覚には、「優位」なものと、そうでないものがあります。「聴覚優位」と言われる、言葉での表現が伝わりやすい人たちと、そうでない人たちがいるのです。

リーダーが「聴覚優位」だと、メンバーに指示を出すときに言葉だけで伝えてしまう。自分はそれで十分だから、みんなそうだと思ってしまうわけです。

でも「聴覚優位」でない人たちには、その情報の伝え方では伝わり切らないのです。

聴覚優位のほかは、視覚優位の人、身体感覚優位の人がいます。もちろん、その感覚だけを使っているわけではなく、ほかの感覚も使いますが、得意な感覚と不得意な感覚があるのです。

ボディランゲージを使うと、視覚が優位な人も身体感覚が優位な人もカバーできます。目で見てはっきり分かるし、実際に身体が動いているのを見ることで、身体感覚としても伝わりやすいからです（第1章でお伝えした、ミラーリングですね）。

とくに、「一対多」で伝える場面では、言葉とボディランゲージを併用することをお勧めします。

「同じように伝えたのに、伝わらない」という悩みは、「みんな同じように伝わるはず」という前提が間違っているから起こる、知識不足とスキル不足が原因です。

日本のリーダー層、頭のいい人たちには、聴覚優位の人が多かった、と推定できます。「言葉」による指示命令、情報伝達が、いまだに主流です。「朝礼」とかもそれです。「書いてあるから読んでおけ」もそれです。

そのやり方は、ある人たちには適していましたが、適していない人たちも存在します。「言葉だけ」では、伝わらない人たちが存在するのです。

「言ってもやらない」「言っても分からない」。それは、相手が悪いのではなく、伝え方の問題かもしれませんね。

「静かに！」と怒らずに、子どもが自分から静かにする方法

言葉によるコミュニケーションの弱点、もうひとつは、指示や命令が一方的になりがちで、自主的な行動につながりにくい、ということ。

先生が「はい、静かにしなさい」と言うから、静かにする。これでは自主的な行動ができているようになったとは言いません。

「先生が言った」「子どもたちが従った」

言葉によるコミュニケーションは、指示命令が明確になりすぎるのです。これが弱点です。


子どもたちが自主的に静かにするように持っていくのがうまい先生は、ボディランゲージを使います。


口の前に指を立てます。静かにする合図ですね。

「お口チャック」とか「シーッ」とか言葉での表現も、「命令」にならないように、工夫しています。見たこと、ありますね。

子どもたちが、言われてするのではなく、自分たちでできる、できた、ということを体験してもらうための工夫です。

同時に、「静かにして見せる」モデリングです。望ましい行動のお手本を見せるのが、モデリングです。

電車の中とかで「静かにしなさい！」と怒鳴っている人、見かけませんか？　あなたがうるさいよ、と思いますよね。効果的なモデリングではありません。

子どもを静かにさせるのに、指示や命令や、怒鳴りつけることは、必要でもないし、効果的でもありません。

でも、これも、知識として知っていて、スキルとして使えるかどうか、の差です。学校の先生は、知識として学んでいます。スキルとして使えるように練習しています。皆さんも、スキルとして使えるようになってくださいね。

こんなに使える「手をあげる」合図

さて、ボディランゲージを効果的に使う場面についても、お伝えしておきましょう。

言葉ではっきりと伝えるのがふさわしくない。そんな場面もあります。

会話していて、相手の話をさえぎったりする場面って、あります。

相手の認識が間違っていたり、そのまま話を続けるのがよくないと思うときです。

「ちょっと待ってください」と言いますか？

「ちょっといいですか？」を使いますか？

でも相手が熱意を込めて話していたり、相手の立場が上だったりしたら、なんだか躊躇《ちゅうちょ》します。

人の話をさえぎる、割り込むのは、失礼だという意識があるから、何だか言いにくいですよね。

そんなときに、ボディランゲージを補助的に使ってみてください。

軽く手をあげます。

それと同時に、「ちょっといいですか？」と言ってください。

あれっ、急に言いやすくなったぞ。

「手をあげる」は、発言をするときの世界共通の合図です。

やってみましょう。

コミュニケーションでストレスを感じている、という人はたくさんいます。それは、こんなちょっとしたこと、些細《ささい》な場面かもしれません。

話をしている人たちがいて、自分がそこに話しかける必要があるのに、なかなか話に割り込めない。

「おっ、どうしたの、何か用？」って、聞いてくれればいいのに。

黙って話が切れるのを待っている。誰か気づいてくれよ。どのタイミングで話したらいいんだ？　たったそれだけでツラくなる、という若者もいました。

手をあげて、「ちょっといいですか？」って、会話の輪に入ってみる練習をしました。身体を動かすことで、言葉も出やすくなります。

先に身体、それを合図に「言葉をかける」。単なるスキルです。練習すれば誰でもできます。

内向的だから、とか、職場に馴染めない、とか、そんなことではないのです。カウンセリングをしても解決しません。練習しましょう。

自分から話しかけられない。そんな子も増えています。悩んでいないで、おうちで練習してあげてくださいね。

手をあげる、「ねえ、ねえ」と話しかける。

おうちで練習して、学校で試してください。だんだんできるようになりますよ。

「やめて」が伝わる動作とは

してほしくないことをされたり、言われたくないことを言われているのに、「やめて」と言えない、そんなときも、同じです。

どんなボディランゲージが、相手の行動を止めるのに効果的でしょうか。

子どもと一緒に、ボディランゲージも考えてみてくださいね。

身体の前で手をバツの形にする、とか、相手の目の前に手のひらを向けて突き出す、とか、実際に身体を動かしながら、「やめて」と言える動作をやってみましょう。

「やめて」が伝わる動作になっていますか？

「やめて」は、拒絶、否定です。それが伝わる動作を練習しましょう。

動作をしながら、「やめて」と言えるように、おうちで練習してみましょう。

身体を動かすのと、「やめて」という言葉を一致させていきます。毅然《きぜん》と、大きな声で、はっきり言えるように、練習です。

心の優しい子どもは、相手の行動や言葉を、そのまま受け取り続けてしまいがちです。「やめて」の一言が、高い高いハードルに感じられるのです。

ボディランゲージの練習をしながら、相手の行動や言葉を止めることへのハードルを下げましょう。

一緒に練習をしてあげることで、ママやパパはあなたの味方だよ、イヤなことはイヤだと表現していいんだよ、というメッセージが伝わります。

もちろん、言葉にして言ってあげてもいいですが、「一緒に練習してくれる」「一緒に考えてくれる」ということが、子どもにとっていちばん勇気の出るメッセージとなります。

行動は言葉を超えた力を持っているのです。

4 「身体を使ったコミュニケーション」の本当の力

♪ 言葉以上に気持ちが伝わる

前に「口では嘘が言えるけれども、身体は嘘をつかない」とお伝えしました。これは逆に言うと、身体を使ったコミュニケーションは、相手にストレートに届く、ということになります。

誰かにほめられたとしても、それをそのまま受け取っていい場合と、そうでない場合がありますね。お世辞や皮肉でほめられることも、世の中にはあります。

だから、あなたが誰かをほめても、それをそのまま受け取ってくれない人が、一定数いるわけです。

もしもあなたが、新しい人と、あるいは、なかなかうまくコミュニケーションを取れない人と、いい人間関係をつくろう、と思ったら、「口」よりも、「身体を使ったコミュニケーション」を使いましょう。

「口」、言葉よりも、ストレートに、あなたの「承認」「尊重の姿勢」を、伝えることができます。

いいえ、本当にカンタンです。誰にでも、できます。

「相手に身体を向ける」（話をするとき、聞くとき）
「会釈《えしゃく》をする」（近くを通るとき）
「口角を上げる」（相手に顔を向けるとき）
「メモを取る」（話をするとき、聞くとき）
「うなずく」（話をするとき、聞くとき）
「身体を開く（足を組まない）」（とくに座っているとき）
「ドアを開ける、先に通す、待つ」（一緒に歩くとき、エレベーターなどで）
「丁寧に物を渡す、受け取る」

もし、自分がそうされたら、どうですか？

自分のことを認めてくれている、大切にしてくれている、というのが伝わりますか？

少なくとも、イヤな気持ちはしませんよね。


どれも簡単な動作です。

「あなたのことを、大切に思っています」と言うよりも、パワフルに、ストレートに、伝わります。


家庭で、職場で、ぜひやってみてください。

まずは一つからでも、いいです。

思春期に入り始めた子どもに、「大切な人」として伝える身体的コミュニケーションを使いましょう。

「私の大切な子ども」としてではなく、一人の大人、大切な人として、承認と尊重の姿勢を示しましょう。

「もう子どもじゃないんだから、自分のことは自分でやってよ」と何回も言うよりも、

「あなたを大切に思っている」が伝わる身体コミュニケーション

「大切な人」として尊重して扱われるほうが、自立のために効果的です。


ご夫婦でも、やってみてくださいね。

関係性がグッと変化してきます。愛はあってもなくてもかまいません。そのうち愛が行動に追いついてきます。**感情は、行動によって変化するのです。**


これらの身体的コミュニケーションを取ったうえで「口」がそろうと、威力は倍増です。

「思っていること」と「言っていること」と「していること」が一致することほど、説得力のあることはありません。

自分のまわりが「大切な人ばかり」になる

自分の周りが「大切な人ばかり」だったら、幸せではありませんか？

「大切な人」だから、大切にする。それは大事なことです。

そして、大切にするから、大切になる、も真理です。

身体的コミュニケーションの本当の力を使えば、自分の周りを「大切な人」にしていくことは、カンタンです。

そして、**いちばん大切なことは、自分自身を大切な人として扱う、ということです。**

子育て中のママたちには、いつもお伝えしています。

子育て中のママたちは、自分の身体が出産でボロボロになっていることにも気づきません。

睡眠不足でふらふらなのに、「まだ大丈夫」とか言います。仕事が押して、帰りが遅くなっても、歯を食いしばって晩ご飯を準備して、子どもを寝かしつけるまで気をゆるめない。そんなママもいます。

そして、自分が「大切な人」だなんて、思えない、と言うママもいます。子どもの自己肯定感を上げるために、あんなに努力や工夫をしているのに。

弱音を吐かないパパもですよ。

自分だけガマンしてる、自分だけ頑張ってる。そんなふうに感じることが多いなら、黄色信号、そろそろ立ち止まったほうがいいです。

♪自分を「大切に扱う」習慣

自分で自分が大切だと思えない。それはそれで置いておいて、「大切に扱う」をやってみましょう。

すぐできる身体的なケアをしましょう。仕事から帰ってきたら、一息いれましょう。お茶でもビールでも、まず喉を潤してくださいね。3分でも5分でもいいので、ブレイクしてください。

この**ブレイクで、仕事モードと、おうちモードの切り替えをします**。仕事でうまくいかなかったことや気がかりなこと、いったん切り離して、おうちモードになりましょう。

能率や生産性を考えて行動するのが仕事。おうちでは、くつろぎや安らぎ、愛あるコミュニケーションを中心に考えたいですね。ブレイク、大事です。

ブレイクって、句読点のようなものです。

句読点で区切るのは、「分ける」ためです。ちょっとしたブレイク、ちょっとした時間、立ち止まる。そして、切り替える。**いつの間にか人に合わせすぎていた自分の感情、自分の時間を、自分の手に取り戻すためのスキルです。**

「句読点」、本当になくて大丈夫ですか？

自分自身の扱いを、丁寧にしましょう。自分が大切に扱っていたら、周りから大切にされるようになっていきます。

自分が大切な存在だと、気づいていくのは、その後でもかまいません。

切り替え上手な親が、家庭は安心安全な場だ、と示すから、子どもたちは家の外に勇気を出して出て行けるのです。

帰ってくるのが楽しみな家があるから、学校や幼稚園で新しいことに挑戦してこれるのです。

家の中でまでも、タイパだコスパだ、時短だ省エネだ、なんて取り組まなくていいです。世の中の流行《はや》りに合わせなくていいんですよ。

自分がどうしたいか、自分たち家族はどうするのか。立ち止まって、もっとコミュニケーションを取りましょう。

第5章

「協力する」心を育てる

——周囲を巻き込む力がまわりを変える

1 学校が苦手な子どもたちへ

「班分け」の苦い思い出

学校で、班活動ってあります。あるいは、修学旅行でのグループ分け。体育の時間に3人組、4人組に分かれること。

「好きな人同士で分かれて」「てきとうに4人組をつくって」と言われたとき、あなたはどんなふうに考え、どう行動をしましたか？　どんな感情を感じましたか？

私はこれが、けっこう苦痛でした。私には、「いつも一緒」の友だち、親友がいなかったからです。「ひとりになったらどうしよう」と考え、「近くにいる誰か」（たいていおとなしい子、自分から動かない子）をサッとつかまえて、ひとりぼっちにならないような工夫をしていたことを、覚えています。

人によっては、まったく何ともない体験です。先生も、とくに子どもたちが、それでイヤな気持ちになると考えていたわけではないと思います。

しかし、あのときの、イヤな感覚、一人になったら、余ったらイヤだな、ひとりぼっちは恥ずかしいな、というネガティブな感情は、今でも心の奥底には残っています。

学校という集団の中で、どのように自分の立ち位置を確保するのかというのは、子どもたちにとって、大人の想像以上にタイヘンなことなのかもしれません。

たまたま生まれた時期が同じころで、たまたま同じ小学校に通い、たまたま同じクラスになったクラスメイト。彼らと「仲良く」なることを望まれたり、「友だち」になることを期待されたりすることが負担になる子どもが、どのクラスにも一定数いる、と私は考えています。

人がどうしているのか、自分はどう見られているのか、に敏感な子たちです。

そうでない子どもたちよりも、何倍も緊張して過ごしているので、疲れやすいです。

学校に行くだけで疲れてしまいます。

そもそも、そこにいる人が好き、気が合う。そんな人ばかりじゃないのが世の中です。気が合うとか好きとか、そういう感情のレベルで捉えると、学校は（会社も家庭も）楽しいところじゃなくなるかもしれません。
好きだから、仲良くするという発想は捨てて、そこにいる人と仲良くする。こちらに考え方をシフトするほうがよさそうです、

そうそう、「仲良くする」というのもスキルでしたね。スキル、行動です。第3章でお伝えしたように、あいさつしたり、「はい、どうぞ」と渡したり、取ってもらったら「ありがとう」と言ったり、すること。それが「仲良くする」というスキルです。

♥「感情」ではなく「行動」で仲良くすればラク

スムーズなコミュニケーションを取っていると、「仲良く」過ごすことができます。**相手のことが好きかそうでないか、自分は好かれているかどうかで判断すると、苦しくなってきます。**

感情は常に変化します。好きだった人も嫌いになることもあります。嫌いになった

からといって、仲良くすることをやめたら、もっと関係は悪くなります。

感情ではなく、行動レベルで「仲良く」していきましょう。

「行動」にフォーカスすると、「誰」が気にならなくなります。行動に焦点が合うからです。

どう思うか、どう思われるかではなく、自分が何をするのか、です。好きだろうが、嫌いだろうが、「あいさつ」するのです。それが、「仲良くする」ということです（結果として好きになってもらえます）。

子どもたちにも、そう伝えてあげてください。とくに、人と一緒にいるのがあまり好きでない子、集団が苦手な子には、そんな声かけをしてくださいね。

行動にフォーカス、何ができるかなゲーム

用意するもの　画用紙、色鉛筆、クレヨン、もしくは絵具

一人が、一筆《ひとふで》、何か描きます。

次の人が、それを見て何か描きます。
また次の人が、描き足します。
順番に、ドンドン描いていきましょう。
何の絵になるのかな？

子どもがたくさんいたら、模造紙のような大き目の紙にして、
同時多発的にドンドン描いていくのも楽しいです。

何を描いても、オッケー
どんなふうに描いても、オッケー
でき上がったら、感想を言い合って、おしまい。
楽しみましょう。

2 人と一緒に何かをするということ

リーダーシップというスキル

私の周りの経営者も、主婦も、主夫も、みな、同じことを言います。

「一人でやったほうが早い」

一人でやれることであれば、一人でやったほうが早いです。

一人ではやれないことをしようとしているから、誰かを雇ったり、家族をつくったりしているんですよね。

仕事にせよ、家事にせよ、人と一緒に何かをするためには、コミュニケーションは不可欠です。

「一人でやったほうが早い」と思ってしまう原因は、コミュニケーションスキルの不足です。

従業員が無能だからではなく、夫が（妻が）、思いやりがないからでもなく、子どもが言うことをきかない時期だから、でもなく、単純にコミュニケーションスキルの不足が原因です。

ここでは、「協力して何かをする」ための、コミュニケーションスキルについて、お伝えしていきます。「リーダーシップ」を取るためのスキルです。この本のなかでお伝えしてきた方法をうまく組み合わせれば、カンタンなことです。

「リーダーシップ」と聞くと、一人の突き抜けて有能なリーダーがいて、みんなを引っ張って目標を達成する、といったイメージを持つ人もいるかもしれません。そんな時代も確かにありました。

今の時代、これからの時代は、有能で強力なリーダーと、それに従うメンバー、というピラミッド型の組織ではうまくいかなくなります。

時代の変化が速いので、その組織ではスピードが追いつかないのです。上からの指示命令を待っている間に、状況が変化します。変化した状況をまた報告して、次の指示が来るまでに、もう手遅れになっている、ということも起こりえます。

それぞれの部門、それぞれの現場で、**一人一人が「何をどうしたらいいのか」正しく判断でき行動できる仕組みをつくること、そしてその仕組みがきちんと働くように整えること、これが、これからのリーダーの役割、リーダーシップです。**

社会状況が変わる中、もしかしたら一緒に働くメンバーも、いつも固定であるとは限りません。雇用形態も終身雇用ではなくなり、副業も解禁されています。

プロジェクトのたびにメンバーが変わる。そんなケースも増えてくると思います。**誰と一緒に組んでも、どんなチームになっても、協力して一つのことを成し遂げていく。**そのためのリーダーシップ、そのためのコミュニケーションについて、一緒に考えていきましょう。

これからの時代のリーダーシップには、どんなスキルが必要でしょうか。

それは、「確認するスキル」です。

協力して何かを成し遂げるためには、「ゴール設定」（何をどのような状態にするのか）、「現在地」（現状はどうなのか）、それと「目的」（何のためにやるのか）の3つが明確である必要があります。それを全員が共有しておかなくてはいけません。

仕事の内容、今期の目標数字、朝のゴミ出し、晩ご飯の買い物。どれをとっても、同じです。明確にしないでおいて、「思ったのと違う」「協力してくれない」と嘆くのは、生産的ではありません。

「明確にする」って、どういうことでしょうか。

現状を観察すること、言語化すること、言葉で確認すること、です。あらっ、全部、説明しました。今までにお伝えしてきたスキルを活用したらいいんですね。

家族みんなで協力！　家事を分担してみよう

おうちでは、どんなふうに練習しましょうか。

家事の割り振り、やってみますか。

お風呂掃除は、子どもとパパチームが担当する。いいですね。

お兄ちゃんが月水金曜日、妹ちゃんは火木曜日、パパは土日ね。

チームの中で、割り振りして決めましょう。

あっ、でも、今度の日曜、パパは出張なんだ。

じゃあ、そこは妹ちゃんが代わるね。

お風呂掃除のやり方、共有しましょう。

掃除道具や洗剤ってどこにあるのかな。

どんなふうにしたら、きれいになるか、ママの意見も聞いておこう。

最初は、ママにできばえを点検してもらおうか。それがいいね。

どうやら、ママがオブザーバーになったようです。

チームがうまく機能するまで、しばらくかかるかもしれません。上手に掃除できなかったり、自分の担当を忘れちゃったりするかもしれないのは、想定内です。

その都度、問題を共有し、次はどうするかをみんなで話しましょう。それがコミュニケーションの練習になります。

忘れないようにするには、どんな工夫ができるか。自分はどうするのか、人にどう動いてもらうのか。話しましょう。


「一人でやったほうが早い」

その考えを脱して、みんなでやれるチームになりましょう。

「みんなでやると、ずっと楽しい」


うちの子どもたちがまだ学校に通っていたころ、高校生だった次男が、大根を自転車の前かごに入れて帰ってたら、近所の人に笑われた、と言っていました。大根、学校帰りにスーパーに寄って買ったんですね。晩ご飯に使うんです。何かおかしいですか？

子どもだからできない、男の子だからさせない、と戦力外にするのではなく、「みんなで」家事をする家族がいいな、と思います。パパもママも、どの子もみんな、おうちの主力メンバーです。

大人が決めて、子どもを「使う」のではなく、みんなで決めて、家事「家の事」をみんなでする。そんな家庭が増えればいいと思っています。

子どものころから、自分の意見を考えて伝え、それを聞いてもらい、人と意見をすり合わせて（交渉ですね）、何かを成し遂げていく経験をさせておきたいです。

誰か（親や上司や会社）が決めてくれるのを待って、その通りにやるのは、楽です。でも、受け身の人生です。

自分だって、おうちで、職場で、主体的に意見を言って、動かしていく側に立っている。みんなと協力して、何かを成し遂げている。そんな実感を持って生きていく。「働きがい」とか「生きがい」って、そこから生まれてくるんじゃないかな、と思っています。

巻き込む力とは

新しい時代のリーダーシップとして、必要なスキルは「確認する力」、そして、もう一つ、「巻き込む力」です。

巻き込む力、というのは、行動を起こす、起こさせる、ということです。どんなに「明確」にしても、行動させることができなければ仕事は（家事も）、進みません。**「やろうかな」「やりたい」**。**そうメンバーに思ってもらえるコミュニケーションが必要になっていきます。**

前述した通り、上から下へのピラミッド型の組織は、これからの時代には少なくなってきます。エネルギーが循環する。そんな巻き込み型の組織に、もう変わりつつあります。

クラウドファンディング（通称クラファン）という仕組みがあります。「こんなことをやりたい」「これを実現したい」という思いのある人がプロジェクトを立ち上げます。何のために、どんな方法で、何をやっていく、を明確に打ち出して、それに賛同する人を集めます。

協力する人がお金を出したり、人に紹介をつないだりして、SNSを使って拡散していき、最終的に多くの人の協力を募って、プロジェクトを完遂していく、という仕組みです。

最初の発起人が、どれだけ巻き込み力を持っているか、が成功の鍵になります。

クラファンに限らず、これからの組織に必要なのは、エネルギーの循環です。

「この数字を達成したい」「こんな製品を開発したい」、会社でもそんな目標があります。

今までだったら、「数字を達成しろ」「製品を開発しろ」という命じる人と、それに従う人で、組織は成り立っていました。

これからは、メンバー全員が、「これ、やりたいよね」「できたらスゴイよね」と意識とモチベーションを共有して、そのために自分は何ができるだろう、と考え行動する自走式の組織へ変わっていくことが求められています。

メンバー一人一人に、そういう意識を持たせていく力が、「巻き込む力」です。

巻き込むためには、強力な発信力はもちろん必要です。「何のために」「何を」「どんな方法で」を明確にして、リーダーの思いを、まず伝えることです。

単に情報として伝えて終わり、ではありません。伝えた人が、同じように思い、同じように行動するように、伝える必要があります。

どんな伝え方をするといいのか？

語彙力と、身体的コミュニケーションとが、この「巻き込む力」の元になっていきます。第2章と第4章でお伝えしましたね。

少し復習しておきましょう。

語彙力とは、体験・体感を伴った言葉を使う力、のことです。頭の中で考えた言葉ではなく、実際に体験した言葉、納得して使う言葉には、力があります。人の身体・心に響きます。

具体的に言うと、「私がなぜこれを達成したいのかというと、」で始まる物語を語ることです。

その際には、身体的コミュニケーションを使ってください。身振り手振りです。聴覚優位の相手だけでなく。視覚優位の人も身体感覚優位の人にも伝わるように。

そして、問いかけてください。「あなたは、どうですか？」と。
エネルギーの循環が必要です。心と身体の一致した言葉を、全身を使って伝えて、
それをどう受け取ったか、問いかけることで、循環が始まります。
答えを受け取って、また発信してください。少しずつ、広がるように。
命令するのでなく、お願いするのでもなく。

たくさんの「巻き込む」体験が子どもを伸ばす

難しそうですか？

子どもはみんなやっていますよ。

「遊ぼう」って。

「あ、そ、ぼ」

身体を揺らして、手を振りながら、歌うように、「あ、そ、ぼ」って言われたら、

「い、い、よ」って答えが、返ってきますね。

「私はこれから遊ぶんだけど、あなたはどう？」

「めっちゃ楽しいよ、あなたはどう？」


あれが、「巻き込む力」のお手本です。

あれをモデリングしてください。

子どもから学ぶことって、たくさんありますね。


巻き込む力、たくさん体験させてあげてください。


「ご飯食べる人!?」と言って、片手をあげる。

「ハイ！」と言って、子どもが手をあげたのを確認する。

そのまま立ち上がって「ご飯だ、ご飯だ」と言いながら、おもちゃの片づけを始める。もしくは、ご飯をテーブルに運ぶ。

一緒にご飯を食べる。

「私はそうするけど、あなたはどうする？」の省略バージョンです。

子どもは、言葉数より、勢いが大事。思わずつられて返事するように、勢いよく元気よく、「ご飯食べる人!?」って聞いてみてください。身体も動かしてね。

「ご飯食べるから、片づけて」と声かけしたときとの違いを感じてみてください。

「お風呂、入る人!?」

「パパと一緒に寝る人!?」

いろいろ試してくださいね。巻き込む力、存分に発揮していきましょう。

3 自分の額縁に気づこう

周囲とぶつかる原因は「思考の枠」にあった

リフレーミング、という言葉、聞いたことありますか？

フレームって、枠のことです。写真のフレーム、という言葉、聞いたことあるでしょう。

リ・フレーミング、つまり枠を外す、いったん壊してつくり直す、という意味です。

ＮＬＰ心理学の言葉です。


私たち人間の思考には、枠があります。普段通りの生活をしていると、自分がどんな枠を持っているかには気づきません。

額縁に入った絵をイメージしてくださいね。

あなたはその絵の中で生活しています。出会う人、家族、会社、お買い物に行くスーパー、公園、病院、映画館、レストラン、美容室。あなたの世界全体を描いた絵です。その絵の中に住んでいる人が、額縁を見ることがあるでしょうか？　いいえ。額縁があることさえ、気づきません。絵の外にいる人だけが、額縁を見ることができます。

「思考の枠」って、そういうことです。自分自身では分からない、額縁という限定された世界の中で考えているのが、私たち人間です。一人一人みな違った枠を持っています。

しかし、私たちは自分の枠に気がつくことができます。それは、他者と接するときです。額縁の外にいる人と接するとき、額縁同士がぶつかります。

ぶつかったときは、けっこう痛かったりします。

自分が当たり前だと思っていたことが、否定されたように感じるからです。

枠にはめなければケンカにならない

「食事のときに、話すなんて、下品だ」と思っている人もいます。
「食事のときに、話をしないなんて、失礼だ」と思っている人もいます。
一緒に食事をすることになったら、お互いにイヤな気持ちになりそうですね。

お互いにそれが正しいという枠の中で生きているので、それ以外の価値観や考え方が理解できません。

そして、お互いに自分の枠の中に無理やり相手をはめ込もうとします。それができなかったら、お互いに離れます。「信じられない！」と言いながら。

世界各地で起きている現象です。

この対立（あるいは分裂）を解決する方法があります。

それはコミュニケーションを取ることです。これは、NVC（非暴力コミュニケーション）という考え方です。

「食事のときに、話をするのが下品」と感じる人は、どうしてそう思うのでしょうか。何を大事だと考えているのでしょう。

……口の中に食べ物がある状態を相手に見せるなんて、よくない。マナー違反でしょ？　失礼よ！

なるほど。

では、「食事のときに、話をしないなんて、失礼だ」と感じる人は、どうでしょう。

……食事はコミュニケーションの機会なんだから、一緒に食べている人に話しかけもせず、黙々と食べるなんて、失礼だ。それなら一人で食べればいいじゃないか！

なるほど。

どちらにも、正義がありそうです。でも、よく聞いてみると、共通していることがあります。

それは、「相手に対する配慮」です。やり方は正反対ですが、その動機や目的は、「相手に失礼のないように」という気持ちです。

これがお互いに分かれれば、相手をバカにしたり、否定したり、攻撃したり、従わせたり、するのではない、もっと友好的な方法を取れるかもしれません。

食事の際は、もぐもぐしながら話すのではなく、口の中のものを飲み込んでから話すようにする。

食事のときは、静かに食べて、その前後にコミュニケーションを取る。

お互いに、少しやり方を変えて、友好的に一緒に過ごすことができそうですね。

どちらも、相手に対しての配慮を大切にしている、同じ価値観を持った人同士ですから。

♥「力が強いほうが正義」という額縁を変える勇気

この解決法を考えていくのに、戦車やミサイルは必要ありません。お金もかかりません。必要なのは、コミュニケーションスキル、そして、額縁を変える勇気です。

残念ながら、世界では、「力が強いもの」が「正義」です。

武器を持っている国、お金をたくさん使える人、多数を動かせる声。それが力です。

誰かが勝って、誰かが負ける。それが普通だ、という額縁で私たちの世界は縁どられています。

みんなが勝つ、みんなで勝つ、というウィンウィン（ｗｉｎ－ｗｉｎ）の考え方もある、と知っていても、額縁を変えることはできない、とあきらめているかもしれません。

こんな対立（そして、分裂）は、毎日起こっています。

おうちの中でも、起こっていることです。

家族であっても、額縁はみな違います。ぶつかることもあるでしょう。

大人と子ども、夫婦、親子、嫁姑、兄弟姉妹……。

「力が強いものが正義」の額縁で生きていると、いずれ逆転するときがきます。


人は、「言った通りにはしない」が「した通りにする」「された通りにする」のです。

「した通りにする」というのは、前にお伝えした「モデリング」のことです。

「された通りにする」というのは、「返報性の法則」と呼ばれるもので、プレゼントをもらったら、プレゼントを返さなくてはいけない、と感じる心の傾向性のことです。

いいことをして、いいことが返ってくるときにも使いますが、イヤなことをされたから、イヤなことをする、復讐するというのも「返報性の法則」です。

「力が強いものが正義」の額縁、そろそろ卒業しませんか。


コミュニケーションを取りましょう。

「どうしてそう思うのか」を話しましょう。子どもには子どもの、「どうしてそう思うのか」があります。あなたにもあなたの「どうしてそう思うのか」がありますよね。

子どもに「どうしてそう思うの？」と聞いてください

子どもがこう言ってきます。

「まだ寝たくない」

「9時に寝るって約束したでしょ！　明日眠くて起きられないよ」


このやり取りだと、今まで通りですね。

「どうしてそう思ったの」と聞いてください。

「もっと遊びたい」とか「やりたいことがある」とか、もしかしたら「大きくなってきたから、もっと遅く寝ても大丈夫になった」とか、子どもの額縁が何なのか、聞きましょう。

あなたも気持ちを伝えてください。

「ママは、夜は早くお布団に入って、しっかり寝てほしい。それは、〇〇ちゃんに、次の日も元気にすごしてほしいからよ」

これがママの額縁です。

額縁が違う、それだけです。叱らなくていいです。ケンカしないでいいです。

そして、二人とも納得できる、何らかの解決法を考えてみてくださいね。

「じゃあ、どうしようか？」考えて、実行しましょう。

あと15分遊んでから、寝る。

今日はもう寝て、明日の朝早く起きて、やりたいことをする。

次の日が休みのときに、眠くないか調子が悪くならないか、実験してみる。

解決法も、言語化できてきましたね。

「子どもは早く寝るべきだ」

「約束は守るべきだ」

「子どもは親の言うことをきくべきだ」
「子どもの睡眠時間を確保するのは、親として当然だ」
そういう親の額縁、枠を大事にするよりも、もっと大切なことを子どもに教えるチャンスです。

額縁がぶつかったら、変えるチャンスです。

子どもはこれからの人生で、額縁がぶつかる経験をたくさんするでしょう。そのときに、どうするのか、今のうちに練習しておきましょう。

日本人は交渉するのが苦手だ、と言われます。ぶつかること自体を恐れるからです。

相手を否定して自分の正義を押しつけるのでなく、自分が黙ってがまんするのでもなく、コミュニケーションを取って、どちらにとってもうまくいく第3の方法を交渉していくことを学びましょう。

額縁がぶつかることを恐れなくてもいいように、おうちで練習です。

しっかりコミュニケーションを取って、額縁を変える経験を、たくさんしていきましょう。

おわりに

コミュニケーションで家庭を平和にしたい。

そう思って30年以上、仕事をしてきました。

子育てに限らず、夫婦関係、親子関係、舅姑関係、きょうだい関係といった家族のコミュニケーション。ほんの少しの知識とスキルがあれば、避けられる争いはたくさんあります。


一緒に仕事をする人たちや趣味やボランティアでいろいろな活動をする人たちとも、コミュニケーションをしっかり取ることで協力して成果を出すことができます。コミュニケーションの取り方を知っていれば、です。


先日、コーチング講座の受講生から、こんな報告をもらいました。

「子どものことでショックなことがあり、混乱しながらも、あねご（私のことです）の本を全部読み返しました。読んでいるうちに、思考と感情の整理がついてきて、落ち着いて現実を見ることができました。感情に振り回されずに、望ましい行動が取れてよかったです」とのことでした。
出来事はいいことではなかったのですが、その後の対処は素晴らしい。さすがです、よかったね、と伝えました。

コミュニケーションは、人とのつながりを作るだけでなく、成果を出すためにも有効なスキルです。そのコミュニケーションについての本を出版することができて本当に嬉しく思っています。

いつも企画段階からお世話になっている糸井浩さん、青春出版社の野島純子さん、一緒に本を作ってくださってありがとうございます。おうち遊びのアイデアを教えてくれた竹下まきさん、おしたくボード創案の漆畑明子さん、コーチング講座スタッフとして私を支えてくれている島田桃子さん、汐川貴子さん、仲田真砂子さん、コーチング講座受講生の皆さん、育自塾受講生の皆さん、いつもありがとうございます。そして、大切なかけがえのない家族に感謝を。

実はこの本を執筆中に、長年同居していたお姑さんが亡くなりました。
大切な家族がいなくなると、どこかにぽっかりと穴があいたような感覚になります。最後の数年は認知症があったこともあって、しっかりと関わってきました。この穴のあいたような感覚も、一緒に生きてきた証と思って大切に感じています。

生きていると、本当にいろいろなことが起こります。いいことばかりが続くわけではありません。そんなときに助けてくれるのは、やはり「人」だと思います。ツラいときや苦しみのとき、そして悲しみのとき、そばにいて助けてくれる人がいるかどうか。それは、自分が日頃からどんなコミュニケーションを取ってきたかの結果です。

丁寧にコミュニケーションを取るのは、はっきり言ってめんどくさいです。でも、このめんどくさいことをする、ということが「愛する」ということです。
「愛」は、頭の中にあるのではありません。心の中にある「愛」を、目に見えるカタチ、行動に表すのが、「愛する」ということです。

あなたとあなたの大切な家族が、ほんのちょっとコミュニケーションのスキルを身につけて、少しでも争いごとを減らして、愛にあふれた幸せな、成功する人生を送ること。そして、そんな家庭が増えていくこと。それが世界を平和にすることだと、私は本気で思っています。

ご一緒に、世界を平和にしていきませんか？
まずは、あなたのおうちから。

田嶋英子

著者紹介

田嶋英子　プロコーチ・米国NLP協会認定NLPマスタープラクティショナー。あねごイノベーションズ代表。長崎県佐世保市生まれ。広島大学教育学部で教育学と心理学を学び、卒業後は高校国語教諭として活躍。結婚・出産後は二男一女を東京大学などへの進学サポートに成功。現在は、子どもの不登校・ニート・引きこもり問題、夫婦関係の改善、婚活・就活など、家族・子育て・職場の人間関係に精通した「お母さんサポートの専門家」としてセミナーや教育講演を行っている。著書に『子どもの「言わないとやらない！」がなくなる本』『叱りゼロ！自分で動ける子が育つ魔法の言いかえ』（ともに小社刊）などがある。

※NLPとは、Neuro Linguistic Programming（神経言語プログラミング）の略で、コミュニケーション技法と心理療法を中心につくられた最先端の心理学メソッドです。

「うちの子《こ》、コミュ障《しょう》かも？」と感《かん》じたら読《よ》む本《ほん》

2024年5月5日　第1刷
2024年9月30日　第2刷

著　者　田《た》嶋《じま》英《えい》子《こ》

発行者　小澤源太郎

責任編集　株式会社 プライム涌光
電話　編集部　03(3203)2850

発行所　株式会社 青春出版社
東京都新宿区若松町12番1号 〒162-0056
振替番号　00190-7-98602
電話　営業部　03(3207)1916

印　刷　中央精版印刷　　製　本　フォーネット社

万一、落丁、乱丁がありました節は、お取りかえします。
ISBN978-4-413-23356-9 C0037

青春出版社の田嶋英子［著］人気子育て本

引きずらない！ でもあきらめない！

親の「聴き方」ひとつで失敗に負けない子が育つ

ISBN978-4-413-23267-8　本体1400円

叱りゼロ！

「自分で動ける子」が育つ魔法の言いかえ

ISBN978-4-413-23155-8　本体1360円

子どもの「言わないとやらない！」がなくなる本

自分で決め、自分からやる心を育てる
ちょっとした方法

ISBN978-4-413-03914-7　本体1300円

お願い　ページわりの関係からここでは一部の既刊本しか掲載してありません。折り込みの出版案内もご参考にご覧ください。

※上記は本体価格です。（消費税が別途加算されます）
※書名コード（ISBN）は、書店へのご注文にご利用ください。書店にない場合、電話または
Fax（書名・冊数・氏名・住所・電話番号を明記）でもご注文いただけます（代金引換宅急便）。

商品到着時に定価＋手数料をお支払いください。

〔直販係　電話03-3207-1916　Fax03-3205-6339〕
※青春出版社のホームページでも、オンラインで書籍をお買い求めいただけます。
ぜひご利用ください。〔http://www.seishun.co.jp/〕